MATERNIDAD REDIMIDA

La esperanza del evangelio para momentos cotidianos

EMILY JENSEN Y LAURA WIFLER

EDITORIAL
PORTAVOZ

"La crianza de los hijos es con frecuencia el crisol en el que aprendemos lo que podemos y lo que no podemos controlar. Laura y Emily nos recuerdan que, si bien no podemos controlar a las personas ni las circunstancias, podemos controlar nuestra perspectiva. Ellas nos ofrecen un marco de referencia para una maternidad que trasciende el tiempo y la cultura, y que es a la vez relevante en el aquí y ahora. Estoy agradecida por este libro lleno de esperanza".

—Jen Wilkin, directora de clases y currículo de The Village Church, y autora de *Mujer de la Palabra, Nadie como Él* y *Dios de la creación*

"Emily y Laura son las mejores amigas que yo desearía haber tenido durante los difíciles años de mi maternidad, cuando mis hijos eran pequeños y mi paciencia se agotaba, mi aburrimiento era insondable y mi sentido de valor y de propósito era confuso. La sabiduría que ellas tienen para ofrecer en las páginas de este libro se basa en su propia experiencia y en las Escrituras".

—Nancy Guthrie, autora, maestra bíblica y adepta fiel de la maternidad redimida

"*Maternidad redimida* brinda sabiduría práctica y de actualidad que se basa en la eterna verdad bíblica. En *Maternidad redimida,* las madres encontrarán empatía, aliento y el recordatorio de que la fuente de la verdadera esperanza para ellas es la obra transformadora del evangelio, y nada más".

—Ruth Chou Simons, autora de éxitos de ventas como *GraceLaced* y *Beholding and Becoming: The Art of Everyday Worship*

"Este maravilloso libro ofrece una profunda comprensión y entendimiento a quienes enfrentan el estrés y los desafíos de la maternidad. También brinda a las madres una visión clara de su profundo propósito y la esperanza que necesitan para desempeñar con dinamismo y propósito este papel que Dios les ha asignado. Recomiendo este libro encarecidamente".

—Sally Clarkson, autora de éxitos de ventas y presentadora del podcast *At Home with Sally*

"Si estás buscando consejos prácticos y fórmulas para la maternidad, este no es el libro para ti. Pero si necesitas ser renovada y recordar lo que Jesús logró en la cruz y que la gracia que está a nuestra disposición es suficiente para nuestras necesidades cotidianas como madres, has venido al lugar correcto. *Maternidad redimida* te inspirará a leer la Biblia, a descansar en el Salvador, y a fortalecer tu gozo en la verdad del evangelio en estos años de crianza".

—Trillia Newbell, autora de *Sacred Endurance, If God Is For Us* y *La gran idea de Dios*

"Leer *Maternidad redimida* es como disfrutar de una larga conversación con dos amigas que te hacen reír a carcajadas, enjugan tus lágrimas, y con fidelidad hablan palabras de verdad que imparten vida a tu alma. Con sabiduría y perspicacia, Emily Jensen y Laura Wifler ayudan a las madres a conectar la narrativa de las Escrituras con las realidades cotidianas de la maternidad. Toda madre debería leer este libro. ¡Estoy ansiosa por compartirlo con otras!".

—Melissa Kruger, directora del contenido para mujeres en Gospel Coalition y autora de *Camine con Dios durante su maternidad*

"Con *Maternidad redimida*, Emily y Laura nos ofrecen reflexiones prácticas y teológicas acerca de la naturaleza del trabajo y el alma de una madre. Esta joya de libro explora cómo Dios usa biberones y juegos infantiles para sus propósitos más grandes. Te invito a leer y a aprender no solo cómo arrullar la cuna sino cómo confiar en Aquel que gobierna el mundo".

—Hannah Anderson, autora de Humble Roots: How Humility Grounds
and Nourishes Your Soul

"Debo admitir que yo no soy precisamente el público principal de *Maternidad redimida*, ni del ministerio ni del libro. Dicho esto, siempre mantengo los oídos atentos para encontrar ministerios en los que puedo llegar a confiar y luego recomendar a otros. Me alegra decir que, desde que he seguido el trabajo de Emily y de Laura, ha sido de gran provecho para mí. Mejor aún, he visto a muchas mamás cristianas a las que conozco que aman leer su sitio web, escuchar su podcast y crecer por medio de este ministerio. Estoy agradecido porque ahora añaden a sus muchos canales de comunicación este libro mediante el cual sirven a Dios sirviendo a su pueblo".

—Tim Challies, autor de Limpia tu mente,
Mujeres piadosas y Haz más y mejor

"Es fácil encontrar amigos dispuestos a dar su opinión y consejo. Pero rara vez se cuenta con amigos que te guíen a la verdad del evangelio de Jesús. Leer *Maternidad redimida* es como sentarse con esta clase de amigos que te ofrecen verdad, con gracia y amor, a medida que recorres el camino agotador de la crianza en medio de una cultura plagada de opiniones".

—Jerrad Lopes, fundador de DadTired.com y autor de Dad Tired… and Loving It

"¿Cómo lleva a cabo una madre cristiana sus labores de crianza de los hijos? Por la gracia mediante la fe en su Salvador crucificado y resucitado. El objetivo del ministerio Maternidad redimida es anunciar con valentía y explicar con claridad el evangelio de Jesucristo. Y no hay mejores noticias para las madres. Oro para que la lectura de este libro fortalezca los corazones cansados y nutra la adoración gozosa a nuestro Señor resucitado".

—Gloria Furman, autora de Madres con una misión y
Atesorando a Cristo cuando tus manos están llenas

"Este libro es un soplo de aire fresco y eterno. No se trata de otro manual con fórmulas, sino de una bella explicación de buenas noticias, realmente buenas, para toda madre".

—Quina Aragon, artista de la palabra hablada y autora de Love Made:
A Story of God's Overflowing, Creative Heart

Para la comunidad de Risen Motherhood [Maternidad Redimida].
Estamos agradecidas por crecer en el evangelio junto con todas ustedes.

RECONOCIMIENTOS

Si bien nuestros nombres aparecen en la portada de este libro, todo el peso de la autoría es una carga pesada que no habríamos podido llevar sin el apoyo de un pequeño ejército.

A nuestros esposos, Brad y Mike: Ustedes, con sacrificio y en silencio, hicieron posible este libro. Nunca olvidaremos su apoyo incondicional, su entusiasmo y su aliento para que nosotras pudiéramos dedicar tiempo a escribir. Este libro no existiría sin ustedes dos.

A nuestros hijos Lewis, Gabriel, Cal, Jones y Eveline; Eli, Colette y Eden: En las buenas y en las malas, ustedes han estado en primera fila viendo nuestra santificación y cada lección que comentamos en las páginas que siguen. Ustedes son nuestro tesoro y los amamos mucho, más de lo que puedan imaginar.

A nuestros padres y suegros, Henry y Gayla, Dean y Dianne, Scott y Vicki: Ustedes han sido unos de nuestros mayores animadores. Cuando dijimos que íbamos a escribir un libro, ustedes tuvieron fe en que podíamos lograrlo, a pesar de que nosotras creíamos lo contrario. Ustedes nos preguntaron qué necesitábamos, nos animaron a seguir adelante ¡y nos ayudaron con muchas horas de cuidado de los hijos!

A las iglesias Grand Avenue Baptist Church y Naperville Presbyterian Church: Ustedes son nuestras familias espirituales, y los amamos mucho. Nuestra capacidad para escribir algo como esto es, en parte, el resultado de su pastoreo a través del cual han sembrado el evangelio en nuestros corazones a lo largo de muchos años.

A nuestro equipo ministerial de Maternidad redimida: Ustedes nos han animado con emojis y con graciosos GIFs a todo lo largo del proceso, y no dudaron ni un momento que esto saldría bien. Ustedes han apoyado esto como solo podrían hacerlo las mejores hermanas.

A quienes leyeron los primeros manuscritos y nos proporcionaron sus comentarios: Karen Hodge, Abigail Dodds, Eric Schumacher, Jonathan Philgreen y muchos más. Ustedes son amables y sabios.

Nuestra profunda gratitud a nuestro agente, Andrew Wolgemuth, quien con destreza guio todo el proceso y abogó por nosotras en todos los ámbitos. A nuestro editor Kyle Hatfield y a Harvest House, estamos agradecidas por ser sus colaboradoras en la divulgación del evangelio. Y a tantos otros que nos ayudaron, apoyaron y animaron y que no alcanzamos a nombrar aquí, sepan que estamos agradecidas para siempre. Nos dimos cuenta de cada detalle. Y fue importante.

Por último, al Señor. Él sembró el amor del evangelio en nuestros corazones hace mucho tiempo. Él proveyó todos los recursos, el espacio, la energía mental y más para lograr esto, aun cuando nos sentimos agotadas y escasas para la tarea que teníamos a mano.

Te adoramos, Dios. Esperamos servirte con esto.

La maternidad es dura.

Un segundo nos parece que estamos haciendo todo bien;

al siguiente nos sentimos como la peor mamá del planeta.

Por esto necesitamos que nos repitan una y otra vez

la verdad refrescante del evangelio,

la cual nos infunde esperanza en los momentos cotidianos.

CONTENIDO

I
¿POR QUÉ IMPORTA
EL EVANGELIO EN
LA MATERNIDAD?

MATERNIDAD REDIMIDA

Emily y Laura

El ministerio de Risen Motherhood [Maternidad Redimida] empezó cuando enseñábamos a nuestros hijos a usar el baño. Suena tonto, pero cuando ambas instruíamos a nuestros hijos mayores en el control de esfínteres, cansadas de los incontables cambios de ropa y de los muchos fracasos, sentimos que necesitábamos una esperanza tangible.

Puesto que en ese tiempo vivíamos a cinco horas de distancia, relatábamos nuestras experiencias en una app tipo walkie-talkie que instalamos en nuestros portátiles, y dejábamos mensajes de voz para que la otra respondiera. Nos lamentábamos por las montañas de ropa sucia, celebrábamos las pequeñísimas victorias y compartíamos nuestras luchas más profundas.

"No es irritabilidad. Me siento enojada, ¿será normal?", preguntaba una.

"¿Te sientes impaciente? ¿Cómo tenerle paciencia cuando me parece que no va al baño *a propósito*?", preguntaba la otra.

Ambas nos preguntábamos: "¿Habla la Biblia acerca de estas cosas? Si Cristo realmente lo cambia todo, ¿en qué cambia el entrenamiento en el control de esfínteres para niños pequeños? ¿Qué dice el evangelio al respecto?".

Al principio, las respuestas eran confusas. Empezamos intercambiando consejos prácticos y bromeando acerca de nuestras historias en el frente de batalla. Buscábamos a tientas, pero también profundizamos más, hasta que descubrimos el tesoro del evangelio. Hablamos acerca de nuestros problemas con el pecado, intercambiamos ideas conforme la obra transformadora de Cristo se hacía evidente y clara en medio todo lo que vivíamos. Solo cuando encontramos nuestra identidad en Cristo y no en el éxito de nuestros hijos, pudimos ser ejemplo de su amor a quienes simplemente no podían comprenderlo. (Por supuesto, no siempre sonó tan claro y conciso, pero lo esencial estaba ahí).

A lo largo de ese proceso, nuestra maternidad cambió de manera concreta. Nuestros hijos no empezaron repentinamente a mantenerse limpios todo el día, y todavía intercambiábamos estrategias, pero el evangelio demostró ser más esperanzador que cualquier artículo de la Internet, más útil que cualquier libro que pudiéramos comprar, y más duradero que cualquier solución rápida que se nos ocurriera sugerir a la otra.

Fue un alivio descubrir que realmente es verdad: el evangelio lo cambia todo.

Una solución que nos falla

Ambas fuimos madres por primera vez en el espacio de nueve meses y, aunque no lo vimos en ese momento, ambas entramos en la aventura de la maternidad con grandes expectativas. Imaginábamos salas organizadas, cenas gourmet hechas en casa, caminatas tranquilas en el cochecito y niños obedientes que amaban a Jesús (y a sus mamás).

Teníamos mucho por aprender, pero sentíamos que estábamos listas para el desafío. Cuando hicimos nuestra lista de regalos para los bebés, llena de tiernos lienzos estampados, sillas altas, bolsas de pañales estilizadas (pero prácticas), y todo lo necesario, nos sentimos dichosas y optimistas. Sabíamos que habría dificultades, pero nos sentíamos listas para todo. A fin de cuentas, estábamos equipadas con listas de regalos completas, libros de consejería para la crianza, amigas que ya eran madres y todas las respuestas que podía proveer una búsqueda en Google.

Hoy, con ocho hijos en nuestro haber, nuestras expectativas optimistas se han desmoronado bajo las presiones de la vida cotidiana. A medida que nos dábamos cuenta de que nuestros delicados lienzos de muselina no bastaban para sostener los brazos de nuestros bebés con las habilidades de Houdini, la maternidad nos dejó con una sensación de insuficiencia, frustración y ansias de encontrar soluciones nuevas. Buscamos afanosamente respuestas acerca de dónde, cuándo y por qué nuestra maternidad fallaba. Si bien encontramos algunos consejos útiles y estrategias prácticas, finalmente los manuales ofrecían instrucciones insuficientes, nuestras amigas que ya eran mamás hacían cosas que no entendíamos y no queríamos imitar, y Google (con sus millones de resultados de búsqueda) no siempre arrojó las respuestas correctas a nuestras preguntas.

Había otras madres a nuestro alrededor que también experimentaban un vacío en sus esperanzas para la maternidad. Y no solo eran nuestras propias amigas que eran madres, sino que es una experiencia casi generalizada en la maternidad moderna. Según un estudio de Barna Group, el 95 por ciento de las madres reporta que necesita mejorar en al menos un área de la vida, el 80 por ciento dice que se siente abrumada por el estrés, el 70 por ciento afirma que no descansa lo suficiente, y más del 50 por ciento se siente desbordada por los compromisos e insatisfecha con la repartición del trabajo y tareas domésticas[1].

Si se supone que la maternidad es algo tan maravilloso, una de las mayores bendiciones de la vida, ¿por qué nos sentimos estresadas, cansadas, insatisfechas y desbordadas? Si las celebridades de las redes sociales, las gurús de la maternidad y los autores expertos tienen las respuestas, ¿por qué necesitamos más y más ayuda?

A veces, nuestra respuesta como madres a los sentimientos de "insuficiencia" es sacudir nuestra culpa en lugar de mirar lo que ella esconde. Las personas influyentes, los autores e incluso nuestros amigos y familiares nos dicen que, por el simple hecho de ser las amorosas madres de nuestros hijos, nosotras *estamos dotadas de todo lo necesario*. Nuestros esfuerzos bienintencionados (sin importar cuán pequeños o grandes sean) son lo único que necesitamos. Deberíamos dejar de preocuparnos por esa culpa que nos persigue y crear la vida que soñamos.

Sin embargo, en el fondo persiste este sentimiento oculto de no dar en el blanco, de no saber cómo afrontar esto. Entonces bromeamos y hacemos muecas respecto al comportamiento de nuestros hijos. Publicamos nuestros fracasos maternales en las redes sociales. Exhibimos el desorden de nuestra vida y no nos tomamos la molestia de arreglarlo. Nos mofamos de las mamás que parecen más equilibradas y exitosas. En caso de duda, dedicamos más "tiempo para nosotras" o nos refugiamos en el ejercicio, la comida, el trabajo o las redes sociales. Rebajamos los estándares hasta acallar nuestra culpa.

Si eres como nosotras, estas tácticas no logran aliviar completamente la culpa, el estrés y las presiones de la maternidad cotidiana. En cambio, nos conducen por un sendero de prueba y error en el que nunca encontramos descanso. Podemos sostenernos por un tiempo, pero al final un asunto tan

---

[1] The Barna Group, "Tired & Stressed, but Satisfied: Moms Juggle Kids, Career & Identity", *Barna*, 1 de septiembre de 2018, https://www.barna.com/research/tired-stressed-but-satisfied-moms-juggle-kids -career-identity/.

simple como otro accidente de pañal nos lleva al límite de nuestra capacidad. Quedamos aturdidas, desanimadas y desarmadas.

La cultura de la maternidad, en general, y tus deseos naturales quieren hacerte creer que el gozo y el éxito se logran en la batalla entre la leche derramada y el piso de la cocina, entre las pegatinas y la tabla de progreso, en el equilibrio entre tu trabajo y tu vida personal, o entre tu actitud y el comportamiento de tu hijo. Pero no se trata de eso. Esta es una batalla mucho más grande. Es una batalla de proporciones cósmicas. Es una batalla entre el espíritu y la carne. Entre el bien y el mal. Entre la vida y la muerte.

Es una batalla por tu propia alma.

Por qué necesitamos una maternidad redimida

El mundo quisiera hacerte creer que el problema es, *al parecer*, tu incapacidad de tener todo bajo control, pero la realidad es que tú *no puedes* tener todo bajo control. No en el sentido en el que tu fregadero tenga platos sucios hasta el techo, o que no vayas al gimnasio con suficiente frecuencia, o que lances estrategias aleatorias de disciplina cada 30 minutos. No, tú no puedes tener todo bajo control porque eres una pecadora y necesitas un Salvador.

En lugar de extender a nuestros hijos la gracia que se nos ha manifestado a nosotras, levantamos muros de normas y de reglas para ganar el favor de Dios. En lugar de servir a nuestros esposos por amor, murmuramos en nuestros corazones y llevamos cuentas de todas las decepciones del pasado. En lugar de pasar tiempo con nuestros vecinos, nos apartamos porque no queremos la incomodidad o la molestia de conocer a una persona nueva. En lugar de ajustar nuestros estándares a los de Dios, buscamos como referencia a nuestras amigas o las noticias. En lugar de poner nuestra esperanza en Cristo, la ponemos en nuestros propios esfuerzos y comodidad: vivimos para nuestra siesta, para la hora de dormir, para el momento en el que papá llega a casa, cuando salimos a trabajar o cuando tenemos tiempo para abstraernos de todo en nuestros portátiles.

En el corto plazo, nos motiva demasiado fácil la promesa de una nueva serie de Netflix, un bocadillo dulce de la despensa, o el próximo viaje. Sin embargo, ninguna de estas cosas dura más allá del momento, y no curan el problema profundo que está en nuestro interior. No logramos encontrar el gozo en la maternidad porque no logramos vivir en la obediencia y el amor que Dios pide de nosotras. La única manera de encontrar un gozo verdadero

NECESITAMOS UNA MATERNIDAD REDIMIDA

y duradero en nuestra experiencia de madres y lo único que necesitamos es la obra de Jesucristo.

No necesitamos la versión mundana de la maternidad. Necesitamos una maternidad redimida, transformada por la resurrección de nuestro Señor y Salvador. Necesitamos su sangre derramada si hemos de derramar nuestra culpa y nuestros fracasos. Necesitamos su plenitud que llene nuestros vacíos. Necesitamos su sacrificio y su dolor para poder sacrificarnos por otros hasta que duela. Necesitamos sus heridas que sanen nuestras heridas. Necesitamos su expiación para expiar de una vez por todas nuestros pecados. Necesitamos su muerte que nos infunda vida.

Entender la maternidad redimida

Todo esto suena bien. Quizá asientas con la cabeza mientras te preguntas: "¿Qué significa eso exactamente? ¿Necesitamos sus heridas para sanar nuestras heridas? ¿Cómo me va a ayudar eso *en este momento?*".

Esa es la misma pregunta que esperamos responder en este libro. No estamos dando consejos de crianza. No estamos echando mano de la experiencia de muchos años para extraer nuestra propia sabiduría. Somos madres que examinan junto contigo estos problemas, que trazan una línea directa desde el sermón de la iglesia hasta la nariz mocosa que hay que limpiar (otra vez).

En lo que queda de la Parte 1 (capítulos 2 y 3) hablaremos de la historia del evangelio y a examinar su aplicación al concepto general de la maternidad. Estudiaremos cómo esta narrativa redentora nos infunde esperanza más allá de las soluciones pasajeras que ofrece el mundo, conforme reorientamos nuestra vida en torno a la Palabra de Dios.

En la Parte 2 trataremos 14 temas comunes que enfrentan las madres, explorando una aplicación específica del evangelio a cada tema, siguiendo el patrón de creación, caída, redención y consumación. Para los creyentes, esto no es una mera repetición. Es un giro en la historia que tiene el poder de revivir nuestra fe y de volver nuestros ojos a Cristo. Si has seguido el ministerio de Maternidad Redimida, este modelo te será conocido.

El diseño general de Dios para la maternidad es inalterable y universal, pero la vida de cada madre es única debido a su cultura, su trasfondo, su experiencia de vida, su estatus socioeconómico, entre otros factores. Hay maneras innumerables de examinar cada tema tratado en este libro en su aplicación del evangelio. Hemos elegido solo una para cada capítulo. ¡Abarcar todo en cada tema necesitaría una biblioteca completa!

En la Parte 3 te animaremos a crecer en tu amor por Dios por medio de un mayor conocimiento de la Biblia y manejo del evangelio, incluso durante los años de crianza de niños pequeños. Te enviaremos equipada con métodos para aplicar el evangelio a cualquier situación que enfrentes en tu vida cotidiana.

La maternidad redimida es para ti

Somos nada más dos madres con dos experiencias de vida. Todavía estamos aprendiendo y creciendo. Nuestros hijos a veces se levantan demasiado temprano y se acuestan demasiado tarde. Hacen berrinches en lugares públicos. Usan cuatro mudas diferentes a la vez y quisieran comer dulces y caramelos todo el día sin parar. Tenemos luchas similares, pero también coincidimos en nuestro deseo de convertir nuestra lástima en la semejanza de Cristo. Nos asombra cuánto hemos aprendido en nuestros pocos años de maternidad, ¡y confiamos en que aprenderemos más aún después de publicar este libro!

A través de este libro esperamos que recibas aliento y que adquieras una mayor destreza para ver a Dios y tu propia vida a través de la lente del evangelio. Oramos para que este libro suscite discusiones con otras mujeres en tu iglesia o en tu comunidad, a fin de que puedas pensar en profundidad acerca de los temas que tal vez no has considerado antes. Si nosotras dos podemos aprender a ver la vida a la luz del evangelio entre el desayuno y la hora de dormir, tú también puedes hacerlo. Pero esto requiere práctica. También requiere esfuerzo deliberado, diligencia, crecimiento y reconocer que necesitas hacer ajustes a lo largo del camino. Con todo, testificamos también de la fidelidad de Dios, y Él ayudará a una madre que anhela vivir el evangelio en su vida cotidiana.

Este libro es para cualquier madre que se haya preguntado si a Dios le importa que ella esté limpiando las galletas saladas hechas polvo sobre la alfombra. Para la madre que siente que ha llegado al límite de su capacidad y no sabe dónde buscar ayuda. Para la madre que en lo secreto teme que su mundo se derrumbe si no mantiene todos sus platos girando en el aire. Para la madre que está sola y no puede oír el llamado a la vida en una comunidad de fe. Para la madre que sufre el dolor más profundo y clama: "Dios, ¿tú me ves? ¿Me escuchas?".

Este libro es para toda madre que se pregunta: "¿Sirve el evangelio en la maternidad?".

¡Ay, amiga, el evangelio lo cambia todo!

Empecemos.

¿QUÉ ES EL EVANGELIO?

Emily y Laura

Muchas de nosotras sentimos una desconexión entre nuestra fe del domingo por la mañana y nuestra vida de mamás desde el lunes por la mañana. Nos preguntamos cómo los himnos, las oraciones y la lectura de la Biblia se relacionan con las meriendas escolares, las pijamas de pie cerrado, y los berrinches con muchas lágrimas y tirados en el piso y. Tenemos nuestra fe cristiana, por un lado, y la vida real por el otro. La iglesia y la Biblia se sienten como algo obsoleto, algo que funciona los domingos y para la nostalgia, pero nada más.

Sin embargo, dos aspectos de la vida son parte de una historia mucho más grande, de una batalla de proporciones cósmicas, a pesar de que no podamos verla. Es un poco como cuando estamos en el piso de abajo lavando platos en silencio, escuchando música y tarareando una canción, mientras arriba los niños están en plena batalla de pistolas Nerf con proyectiles de gomaespuma, derribando cosas de las repisas, saltando en las camas y practicando sus movimientos de asalto. Sentimos que el tiempo pasa tranquilamente, pero en realidad se libra una batalla épica justo encima de nuestra cabeza. Solo el ruido de muebles que rebotan y las vigas del techo que se sacuden nos hacen mirar hacia arriba con desconcierto.

Reconocemos que, entre cambios de pañales, intercambios de cuidado de bebés y el pago de las facturas, esta realidad cósmica resulte difícil de comprender. Por eso es tan fácil poner la fe y la vida en cajas separadas. Sin embargo, en realidad nuestra fe y la vida deben estar entrelazadas, deben ser inseparables. Como la pasta de modelar que queda pegada en los hilos de la alfombra y es imposible decir dónde termina una y empieza la otra. Pero, para hacerlo, debemos entender la historia de la cual formamos parte y el papel que jugamos en ella. Debemos conocerla de principio a fin.

Esta historia se conoce comúnmente como el evangelio. El evangelio son las buenas noticias de que Dios envió a su Hijo Jesús para salvar a los pecadores por medio de su sacrificio, permitiendo que ellos tengan vida eterna con Dios. Esta es la versión abreviada, pero hay mucho más por conocer y entender.

Según tu trasfondo, puede que veas el mensaje del evangelio de manera particular. Tal vez has oído la historia tantas veces que te deja deslumbrada. O tal vez la consideras un mensaje para pecadores que se escucha una sola vez, un boleto de entrada al cielo. Tal vez resistes el mensaje pensando que es un lavado de cerebro que inclina a las personas al pensamiento religioso ultraconservador que empaña el gozo de la vida real. O tal vez te encoges frente a él, pensando que antes de recibir tan buenas noticias, tienes que ponerte tu mejor traje y quitar de tu vida todo lo indeseable. O tal vez eres nueva en la fe y el evangelio es algo tan novedoso y emocionante que no te cansas de él. O tal vez eres como nosotras: la historia del evangelio ha sido una amiga fiel que nos ha acompañado muchos años y que hemos llegado a amar más y más.

El evangelio puede parecer algo diferente para personas diferentes, pero la verdad es siempre la misma. Es una bella historia de amor, redención, gozo y esperanza. Es el tema central de las Escrituras, lo bastante sencillo para los oídos de un niño pequeño y lo bastante profundo para una vida entera de investigación académica.[1] Entender el evangelio en sus partes fundamentales es clave para la vida cristiana, tanto para la salvación (librarse de la paga del pecado a cambio de la vida eterna con Dios), como para la santificación (una palabra elegante que denota la semejanza con Jesús en nuestro corazón y en nuestras acciones, aunque hayamos sido librados de la paga del pecado). Es clave sacar tu fe y tu vida cotidiana de las dos cajas separadas y entrelazarlas en una gran expresión de adoración. Esta historia es más relevante para tu vida cotidiana. De hecho, tu vida *depende* de ella.

Es probable que hayas escuchado antes la historia, pero te invito a que resistas la tentación de saltarla y pasar al tema siguiente. Todas necesitamos

---

[1] Adaptado de la famosa cita de San Agustín: "La Biblia es lo bastante superficial para que un niño la pueda vadear, pero lo suficientemente profunda como para que un elefante pueda nadar".

oír repetidamente la verdad refrescante del evangelio. Es el fundamento para todos los temas que vamos a explorar en este libro y para todo lo que Dios hará en nuestras vidas por medio de Cristo.

La historia del evangelio

CREACIÓN

Antes de que fueran creadas las estrellas, la luna y la tierra, Dios estaba presente. Él es tres personas en una: Padre, Hijo y Espíritu Santo. Del desbordamiento de esta unión buena y amorosa, Dios creó los cielos, la tierra y todo lo que hay en ellos. Creó a su imagen las primeras personas que habitaron la tierra (Adán y Eva), y los puso en el hermoso huerto del Edén, donde Él caminó y disfrutó de una relación amorosa con ellos. El Dios trino declaró que todo lo que Él hizo era "bueno en gran manera".[2]

Adán y Eva fueron creados varón y hembra, con un propósito conjunto sobre la tierra al tiempo que disfrutaban, amaban y adoraban a Dios: ser fructíferos y multiplicarse, y sojuzgar la tierra.[3] Suena sencillo, ¿no es así?

CAÍDA

Antes de que nuestros hijos arrebataran un juguete a su hermano y lo empujaran al piso, existió el primer pecado. Dios tenía un adversario, como el villano de las historias para dormir que leemos a nuestros hijos, solo que este maleante no es imaginario. Es un ángel caído llamado Satanás, cuya misión es usurpar el lugar de Dios y robar su gloria. Ahí empieza la batalla cósmica.

Aunque Dios dio a Adán y a Eva todo lo bueno en el huerto para comer, había un árbol prohibido, el árbol del conocimiento del bien y del mal. Ellos no podían comer del árbol, porque, si lo hacían, morirían. Por medio de Satanás, que entró en la escena como una serpiente engañosa, ellos empezaron a cuestionar la orden divina.

Satanás, que es un experto en cambiar las verdades de Dios por mentiras, tentó a Adán y a Eva con el fruto prohibido.[4] Llenos de deseo egoísta y consumidos por la idea de que ese solo detalle los iba a llevar a la plenitud completa, Adán y Eva comieron del fruto. Su desobediencia tuvo

---

[2] Génesis 1:31.
[3] Génesis 1:28.
[4] Génesis 3:1-4.

EL EVANGELIO NOS ENCUENTRA EN LA VIDA COTIDIANA

consecuencias desastrosas para toda la creación, abriendo la puerta a la muerte, el dolor, la destrucción y el sufrimiento.

La humanidad enfrentó un problema muy grave. Fue separada de Dios. Al ser expulsados del huerto y romper su relación con Dios, Adán y Eva salieron de allí con una maldición sobre sus cabezas y el lazo de la muerte sobre ellos y sobre toda la creación. Su pecado contaminó a cada ser humano que vino después de ellos, a nosotras también.

REDENCIÓN

A pesar de esto, Dios no los expulsó sin prometerles un rescate. Adán y Eva merecían caer muertos en ese mismo instante, pero Dios ofreció la esperanza inmerecida y la gracia de un Salvador prometido que un día aplastaría a la serpiente. Miles de años después, Jesús, el Hijo de Dios, vino como un bebé que se convirtió en hombre y vivió una vida perfecta para poder ser el sacrificio perfecto. Él fue acusado y juzgado injustamente, lo cual terminó en una sentencia de muerte que Él aceptó humildemente. En la cruz, Cristo soportó voluntariamente una tortura que no merecía, vergüenza y muerte en lugar de los pecadores. Pero su muerte no fue el final de la historia.

Al tercer día, las primicias de la vida redentora vinieron después de la derrota de la muerte. Jesús hizo lo que nadie creyó que fuera posible: ¡Se levantó del sepulcro como un héroe conquistador! Él proveyó libertad de la maldición del pecado que invade nuestros corazones, y dio a quienes creen en Él una vida eterna y abundante. Todavía morimos una muerte física, pero los creyentes vivirán espiritualmente en la presencia de Dios hasta que Jesús regrese a resucitar sus cuerpos físicos y a crear un mundo nuevo. Hasta entonces, Él ha sellado a su pueblo con el Espíritu Santo que viene a morar en todos aquellos que confiesan creer en esta historia de redención, ayudándolos a perseverar hasta que Jesús vuelva.

CONSUMACIÓN

Un día, Jesús volverá y resucitará a los muertos en Cristo, traerá a su presencia a los creyentes vivos y los transformará en su semejanza. Dios hará nueva la tierra entera y supervisará el juicio final. Aunque el Edén tenía la potencialidad de ser perfecto, la nueva tierra *será* perfecta. Satanás, el enemigo, será derrotado una vez y para siempre. Será arrojado al lago de fuego, donde nunca más podrá tentarnos con sus mentiras y promesas viciadas. Aquellos que creyeron las respuestas del mundo, confiaron en sí mismos y rehusaron rendirse a Cristo como Señor serán condenados por la eternidad. En aquel día, los seguidores de Cristo reinarán con Él y morarán con Dios. Ya no vamos a batallar con corazones distraídos, afectos divididos ni adoración inapropiada. El día de la derrota definitiva de las tinieblas moraremos plenamente con el Rey de las luces para siempre con gozo, paz y comunión eternos, más vivos de lo que jamás hemos estado.

Ya, pero no todavía

Han pasado muchos años desde que se cometió el primer pecado, pero las mamás todavía sufren una vida bajo la maldición. Estamos acostumbradas a batallas de todo tipo: batallas con niños sudorosos que no quieren entrar en el auto, batallas con otras madres acerca de los bocadillos más saludables para nuestros hijos, batallas con nuestra montaña interminable de ropa sucia, batallas con las facturas que no fallan mes a mes. Y batallas más profundas y difíciles también: el vientre estéril, el enojo en nuestros corazones que parece imposible de controlar, el matrimonio infeliz, el espíritu egoísta, la cuenta bancaria vacía y el hijo rebelde. Nos sentimos atrapadas en un mundo como Narnia bajo el reinado de la Bruja Blanca, donde "siempre es invierno, pero nunca Navidad".[5]

Como la madre que lava los platos en paz y en silencio sin darse cuenta de la batalla de pistolas Nerf que se libra en el segundo piso, vemos que la lámpara del techo se sacude y sentimos que algo está mal. Se despierta la preocupación en nuestra alma y llegamos a cuestionar nuestra realidad. Aun y así, Satanás se esfuerza de todas las maneras para distraernos, ocultar la verdadera batalla y desviarnos de la ruta. Hemos sido engañadas para pensar que podemos resolver este asunto de salvarnos a nosotras mismas… o quizá sobrevivir buscando un poco de comodidad personal por un tiempo. Y así, alteramos nuestras rutinas, cambiamos nuestro comportamiento externo, o buscamos una muleta en la cual apoyarnos, pero nada dura.

Es allí donde el evangelio encuentra la vida cotidiana.

Ahora mismo, vivimos entre la redención y la consumación. A esto se refieren los que dicen "vivir en el ya, pero no todavía". Cristo ya ha vencido al enemigo Satanás, pero todavía no hemos visto materializarse el plan com-

---

5 C. S. Lewis, *The Chronicles of Narnia: The Lion, the Witch and the Wardrobe* (Nueva York, NY: Harper Collins, 1950), 118. Publicado en español por Harper Collins Español con el título *Las crónicas de Narnia: El león, la bruja y el ropero*.

pleto de redención. El pecado sigue en nuestros corazones y en el mundo que nos rodea, pero también hay vida nueva, crecimiento, cambio y buenos frutos. Si volvemos nuestra mirada a Cristo y creemos el evangelio, no tenemos que seguir batallando ni tratar de anestesiar el dolor de la paga del pecado. Podemos descansar porque Cristo es nuestro Campeón que está sentado juntamente con Dios.

Si tú confías en Cristo, el poder que lo resucitó de los muertos es el mismo poder en tu vida cotidiana. El Espíritu Santo provee lo que necesites para ser paciente, bondadosa, amorosa, benigna, fiel y mansa para con tu esposo, tus hijos y otras personas a tu alrededor. Él te permite ver que la maternidad no consiste nada más en una serie de días largos y labores tediosas, sino que está hecha de millones de pequeños momentos propicios para la adoración. El propósito general de la vida es crecer en la semejanza de Cristo, compartir el amor de Dios, y ver el reino de Cristo establecido aquí sobre la tierra.

Es un proceso lento y difícil, pero estamos llamadas a vivirlo en los momentos cotidianos. Incluso cuando la maternidad se siente vacía e insustancial, cuando se siente que el trabajo es trivial e insulso, recordemos que somos parte de una historia más grande. Solo tenemos que filtrar nuestra percepción del mundo a través de la lente adecuada. Cuando veamos que el techo se sacude por la batalla de pistolas de Nerf que se libra, tenemos que dejar de fregar los platos, subir las escaleras y participar en la verdadera batalla.

Aplicar el evangelio a tu vida cotidiana

Ahora que sabemos (y esperamos que también creamos) la historia del evangelio, ¿cómo la aplicamos? ¿Por qué importa la vida eterna cuando tus hijos rechazan la comida que pasaste el día entero planeando y preparando? ¿Por qué importa el cielo cuando consideras si deberías salir a trabajar después de tener un bebé? ¿Qué importancia tiene la promesa de vida nueva cuando tu sótano se inunda y debes pelear con la compañía aseguradora para que cubra los daños?

Lo entendemos. A veces el concepto de la historia queda desconectado de las exigencias del momento. Estas preguntas dieron origen al ministerio Maternidad Redimida, y a este libro.

En lo que queda del libro, aplicaremos la historia del evangelio a muchas áreas de la maternidad. Lo haremos examinando cuatro aspectos esenciales de la historia del evangelio, y formulando preguntas esenciales acerca de cada uno de ellos. He aquí un vistazo rápido al proceso de pensamiento general y a las preguntas que nos planteamos al escribir cada capítulo. Estas podrían ser de utilidad a medida que aprendes a aplicar el evangelio a tu situación particular, pero las veremos más en detalle al final de este libro.

CREACIÓN

El aspecto del evangelio que atañe a la creación nos recuerda que Dios es el protagonista, y que Él diseñó todo para que funcionara de cierta manera por nuestro bien y para su gloria. Toda nuestra satisfacción y propósito viene de Él, y nuestras vidas deben vivirse para adorar a Dios.

Cuando consideramos un asunto relacionado con la maternidad a través de la lente de la creación, plantearemos preguntas como: ¿Cuál fue la idea original de Dios con esto? ¿Cómo funcionaría sin pecado y quebrantamiento? ¿Cómo refleja la belleza de quién es Él?

CAÍDA

Este aspecto del evangelio nos recuerda que hemos heredado una naturaleza pecaminosa por medio de Adán, y que toda la creación está fracturada. La vida ya no funciona conforme al buen diseño de Dios y, en lugar de eso, es doloroso y anormal. Por la gracia de Dios manifestada en la creación, todavía hay cosas buenas que podemos ver y disfrutar, pero la caída tiene repercusiones en nuestra vida diaria.

Cuando consideramos los efectos de la caída en un asunto de la maternidad, plantearemos preguntas como las siguientes: ¿Cómo se ha desviado esta situación o área del diseño de Dios por causa del pecado y la ruptura de la caída? ¿Cómo nos impide a todos vivir de acuerdo con el buen plan de Dios? ¿De qué maneras el pecado ha infiltrado mis pensamientos, palabras o acciones?

REDENCIÓN

El aspecto redentor del evangelio nos recuerda que Dios abrió un camino para reconciliar el problema del pecado y de la muerte, permitiendo que regresemos a Él, impartiendo vida por el bien de las personas y para su gloria. Esto se logró por medio de la vida perfecta y el sacrificio

LA MATERNIDAD
ESTÁ HECHA DE
MILLONES DE
MOMENTOS
PROPICIOS PARA
LA ADORACIÓN

expiatorio de su Hijo Jesús, que venció la muerte con su resurrección y ascensión al cielo. Él envió al Espíritu Santo para sellar a sus seguidores y ayudarles hasta que Él regrese. Entre tanto, se nos ha encomendado una misión: amar a Dios, amar al prójimo y hacer discípulos de todas las naciones.

Cuando consideremos cómo la redención afecta un área de la maternidad, plantearemos preguntas como: ¿De qué necesito arrepentirme en esta situación? ¿Cómo me capacita mi libertad del pecado para obedecer a Dios y ceñirme a su diseño original? ¿Cómo puedo manejar esta situación o relación de tal manera que honre a Dios y promueva el evangelismo o el discipulado?

CONSUMACIÓN

La consumación del reino de Dios nos recuerda mirar hacia delante. Ahora lloramos, pero tenemos esperanza en un futuro sin lágrimas[6]. Jesús volverá para el juicio final y, en ese momento, Dios hará nuevas todas las cosas. Los creyentes vivirán en una nueva tierra con Dios para siempre, donde todo y todos lo adorarán y vivirán conforme a su diseño para la eternidad. Quienes no confiaron en su Hijo como el pago por su pecado en esta vida, sufrirán la separación y el castigo eternos.

Cuando meditemos en los efectos de la consumación en la maternidad, plantearemos preguntas como: ¿De qué manera la certeza de la esperanza futura cambia mi perspectiva y mi esperanza en este momento? ¿Qué tengo que perder en esta vida? ¿En qué puedo arraigar mi gozo en medio de mis circunstancias que cambian constantemente?

El evangelio es infinitamente hermoso y complejo, de modo que hay varias maneras de abordarlo, de formular preguntas acerca de él y de aplicarlo a la vida diaria. Esperamos que con las preguntas de este libro empieces a ver cómo el evangelio transforma poderosamente todo lo que hacemos en la maternidad, y que encuentres un sinfín de conexiones entre tu fe y tu vida diaria.

Empecemos por entender cómo el evangelio transforma el concepto general de la maternidad.

---

[6] 1 Tesalonicenses 4:13.

PREGUNTAS PARA REFLEXIONAR

1. ¿De qué modo tu trasfondo ha marcado tus sentimientos o tu comprensión del evangelio?

2. ¿Has creído las buenas noticias y has puesto tu fe en la muerte y la resurrección de Cristo? Si es así, ¿qué esperanza tienes hoy y para siempre?

3. ¿En qué has batallado en tu maternidad? Teniendo en cuenta lo que has aprendido acerca del evangelio, describe el campo de batalla actual y el verdadero enemigo.

◆ 3

EL PROPÓSITO DE DIOS PARA LA MATERNIDAD

Emily y Laura

Cuando estamos a punto de dar a luz por primera vez o de adoptar a un hijo, es natural que reunamos información acerca de la maternidad. Pensamos en nuestras propias madres y abuelas. Buscamos que nos cuenten historias acerca de cómo nuestras suegras criaron a nuestros esposos cuando eran pequeños. Investigamos en la Internet, pedimos el consejo de madres experimentadas, asistimos a reuniones de madres en nuestra comunidad, participamos en foros en línea con otras madres, y estamos atentas a lo que aparece en las redes sociales. Escuchamos nuestros propios instintos y fijamos nuestra medida personal de lo que significa ser una buena madre. A partir de todo esto, formamos nuestros propios paradigmas de maternidad y sacamos nuestras propias conclusiones acerca del papel y el propósito de una madre.

Sin duda podemos aprender cosas útiles de las demás personas, pero la Palabra de Dios explica el propósito supremo de la maternidad, y nuestra comprensión de su carácter y diseño debe iluminar nuestro entendimiento de lo que significa ser madre.

El diseño de Dios para la maternidad

El hombre fue creado primero, y luego fue creada la mujer a partir de él para ser su ayuda.[1] Ella no era una ayuda en el sentido de ser menos valiosa que Adán; antes bien, *él necesitaba ayuda*, y no era bueno que él estuviera

---

[1] Génesis 2:18-22.

solo.[2] Sin ayuda era incapaz de cumplir con las instrucciones de Dios. Sin la mujer, no quedaría bien hecha la obra ni existirían generaciones futuras. Eva era portadora de la imagen de Dios que complementaría a Adán y tendría el mismo valor que él, pero como mujer reflejaba la imagen de Dios de una manera diferente.

En el idioma original, el nombre Eva suena como "vida". El relato de Génesis dice: "Y llamó Adán el nombre de su mujer, Eva, por cuanto ella era madre de todos los vivientes".[3] Y justo allí, en el tercer capítulo de la Biblia, encontramos el concepto de maternidad.

La palabra "madre" tiene múltiples capas de significado. Eva tenía la capacidad de ser madre biológica, pero también representaba un propósito espiritual con el que se pueden relacionar todas las mujeres: invertir en la familia de Dios y nutrirla como dadoras de vida.[4] En el contexto de toda la Biblia, las madres espirituales juegan un papel esencial en la historia de la redención. Las vemos transmitiendo las promesas de Dios a las nuevas generaciones, protegiendo con valentía el linaje del pueblo de Dios, instruyendo y discipulando a otros, anunciando las buenas nuevas, y mucho más.

En este libro vamos a concentrarnos principalmente en el diseño y el propósito de Dios para las madres en el sentido biológico o por adopción, ya que probablemente estés leyéndolo porque sientas curiosidad acerca de tu responsabilidad y tu misión como madre con hijos en casa. Si bien los dos tienen propósitos que se entrelazan, observaremos este diseño de la maternidad de aquí en adelante.

El diseño físico de Dios para Eva nos revela algo acerca de su propósito para la maternidad. Eva tenía un vientre, que es el lugar ideal para el crecimiento de un niño hasta que nace. Después del nacimiento, Eva pudo alimentar al bebé con un coctel perfecto de nutrientes en su leche materna. En su pecho podía nutrir a un bebé, brindarle contacto físico y el amor físico necesario cada pocas horas durante los primeros años de vida. Puesto que una de las instrucciones de Dios para Adán y Eva fue llenar la tierra, es probable que este patrón se haya repetido muchas veces. Engendrar y criar hijos habría determinado los ritmos de trabajo de la mujer y la manera como ocupaba y organizaba sus días.

---

[2] Génesis 2:18.

[3] Génesis 3:20.

[4] Lecturas adicionales relacionadas en Susan Hunt, *Spiritual Mothering* (Wheaton, IL: Crossway, 1993); y en Gloria Furman, *Missional Motherhood* (Wheaton, IL: Crossway, 2016).

Por otro lado, hay un diseño espiritual en la maternidad. A lo largo de las Escrituras encontramos madres que son esenciales para el desarrollo espiritual y la formación del carácter de sus hijos. Los padres y las madres tienen la misión conjunta de enseñar a sus hijos la historia redentora junto con el carácter y la ley de Dios. Los padres deben instruir a sus hijos en sabiduría (discernir el bien y el mal) y disciplinarlos fielmente con amor y autocontrol. Todo esto se lleva a cabo con la esperanza de ver a sus hijos caminando en rectitud. Hay miles de libros disponibles acerca de los pormenores y las fórmulas prácticas para hoy, pero en términos generales, una madre está llamada a ser ejemplo del amor, la instrucción y la disciplina de Dios para sus hijos.

Esto llega al corazón de la maternidad: El diseño de Dios, tanto a nivel físico como espiritual, refleja a los ojos del mundo el corazón del Dador de vida por excelencia. Él es el Creador supremo de la vida, el que nutre y provee todo lo necesario, y cuya compasión y bondad suplen todas nuestras necesidades cuando, al igual que nuestros propios bebés, lo único que podemos hacer es clamar para pedir ayuda. El amor de Dios por su pueblo se compara con la compasión férrea y protectora de una madre que amamanta y cuida a su hijo indefenso.[5] ¡Tal es la magnitud de su cuidado por nosotros! Así como una madre manifiesta misericordia hacia su hijo indefenso, Él muestra su misericordia a las personas indefensas. Dios también nos instruye y disciplina amorosamente como sus hijos, llevándonos a ser más semejantes a Jesús.

¿Qué significa este diseño de la maternidad para nosotras cuando enfrentamos luchas? Primero, transforma el deseo de satisfacción de nuestro corazón para que deje de ser "el afán de cómo ser madres" y la encontremos en Dios, el verdadero Dador de vida y Ayudador de nuestras almas. Segundo, impide que nos conformemos con algo inferior y nos privemos del diseño completo de Dios. Antes bien, nos impulsa a entender por qué luchamos y dónde podemos encontrar esperanza. Nos invita a caminar a través de la narrativa del evangelio y a ver las buenas nuevas de Dios para las madres que sufren.

¿Por qué no podemos alcanzar el diseño de Dios?

Eva, la mujer que fue madre de la vida, trajo la muerte cuando desobedeció a Dios en el huerto. La maldición afecta a todo. Vivimos en un entorno pecaminoso y descompuesto debido a realidades internas y externas que están fuera de nuestro control.

---

[5] Isaías 49:15.

En el sentido físico, en algunos casos el vientre en el que esperamos concebir resulta ser incapaz de tener un hijo. En el caso de concebir, es posible que ese hijo nazca con varias complicaciones de salud. El parto es una realidad peligrosa tanto para la madre como para el bebé, y está lleno de dolor, sangre, trabajo, gemidos, por lo que las mujeres tienen motivos para temer el hecho de traer vida al mundo.[6] No en todos los casos una madre está casada. No siempre una madre amamanta a su bebé. No siempre una madre puede conservar a su hijo. Una madre puede tener motivos que le impidan nutrir o cuidar a su hijo de la manera en que Dios ha dispuesto que crezca y madure.

La caída también afecta a la maternidad espiritual. Por su pecado, Eva deja un legado de muerte espiritual, que es contraria al cumplimiento del mandato que Dios le dio en la creación de expandir su reino sobre la tierra. En cada área de la vida intercambiamos la adoración al Creador por la adoración a las cosas creadas.[7] Incluso adoramos nuestra capacidad para ser buenas madres. El pecado y sus angustias hacen que las mujeres quieran apartarse de Dios en desesperanza, en lugar de volverse a Él en gozo.

Los hijos desobedecen a los padres. Las generaciones cometen pecados habituales. Las personas envidian, roban, matan y pervierten las relaciones humanas de todas las maneras posibles. Es posible que la mano de una madre y de un padre maltraten y odien en lugar de amar, instruir y nutrir a los hijos.

Nuestros corazones viven angustiados por la presencia subyacente de la culpa y la vergüenza. Tememos nunca dar la talla, de modo que nos comparamos con las vidas de otros, tanto en la Internet como en la vida real. La maternidad no se compone solamente de sonrisas y desvelos, sino también de miradas furtivas para espiar el bolso de bebé de tu amiga, también madre, con sus biberones de vidrio, mientras que tú los tienes de plástico. Incluso las diferencias más sutiles nos hacen sentir inseguras, nos ponen a la defensiva y nos impulsan a criticar y juzgar.

Esa es una vida miserable.

¿Hay alguna esperanza?

Como madres que vivimos con corazones pecaminosos en un mundo descompuesto, luchamos y nos esforzamos mucho, pero en Cristo no nos quedamos sin esperanza. Dios vence la maldición al ofrecernos otra manera

---

[6] Génesis 3:16.
[7] Romanos 1:25.

TODOS
NUESTROS ACTOS
SILENCIOSOS
DE OBEDIENCIA
SERÁN VISTOS,
RECOMPENSADOS
Y ALABADOS
PARA LA GLORIA
DE DIOS

de experimentar el nacimiento, no a través de un vientre físico, sino por medio del Espíritu Santo.[8] Cuando una madre da a luz, experimenta dolores físicos, sudor y lágrimas, se rompe su fuente y se derrama sangre. Cuando Jesús abre un camino para la vida, lo hace por medio de su sufrimiento físico, su sudor y lágrimas en el huerto, el agua que sale de su costado, la sangre perfecta que se derrama por nosotros en la cruz. La historia del Cristo crucificado es la mejor historia de nacimiento que se haya narrado jamás, con elementos que establecen un paralelo entre la imagen del evangelio y el parto cuando se nace.

No obstante, Jesús no da a luz bebés, él saca a la luz los cautivos.[9]

Por medio de su muerte y su resurrección, Cristo ha cumplido a la perfección con todo lo que se espera de nosotras como madres. Él ha sido, por así decirlo, "una madre verdadera y mejor", y Él envía al Espíritu Santo para que nos haga más semejantes a Él. Si estamos en Cristo, el diseño de Dios es algo que nuestra nueva naturaleza anhela como modelo de vida, porque nuestro Padre es bueno, y la obediencia a Él nos produce gozo.

Hasta que Cristo regrese, las madres tienen la misión de replicar la vida y de ser fructíferas a través de la Gran Comisión por el poder del Espíritu Santo.[10] Nuestra maternidad debería facilitar para nuestros esposos, hijos, iglesias y comunidades poder conocer y amar el mismo evangelio que nosotras amamos. Estamos llamadas a aprovechar al máximo el tiempo que tenemos disponible, conformando nuestras vidas al diseño que Dios estableció en su Palabra.

Un nacimiento final está por venir

Las luchas que enfrentamos hoy no van a durar para siempre. Si estamos en Cristo, todos nuestros actos silenciosos de obediencia serán vistos, recompensados y alabados para la gloria de Dios, y la sangre de Cristo ha pagado por todos nuestros pecados. Quienes nunca confiaron en el sacrificio de Jesús tendrán su deuda pendiente, y el pago será el castigo eterno. Sin embargo, hay otra historia de nacimiento en la que Dios hace todas las cosas nuevas para siempre, cuando viviremos eternamente con Él, para Él y por Él.

El último nacimiento nos recuerda que esta vida no es lo único que existe. Sí, lo que sucede durante estos días y años en esta tierra importa, pero todo esto se vive con miras a algo mucho más grande de lo que vemos

---

[8] Juan 3:3; 1 Pedro 1:22-23.
[9] Lucas 4:18.
[10] Mateo 22:36-40; 28:16-20.

aquí. Nuestros días bajo el sol son días de perfeccionamiento, de poda, de crecimiento y de madurez para volvernos más como Cristo, para prepararnos para un futuro peso de gloria cuando Dios haga nacer su creación nueva y definitiva con vida abundante. Esta historia de nacimiento es la única que liberará tu alma del control del temor, las luchas y los fracasos como madre. Si la crees y la entiendes, cambiará por completo tu paradigma de la maternidad, cuando entregues tu corazón cautivo en los brazos de un Salvador amoroso.

Maternidad redimida en la vida diaria de una mamá

Bajo la perspectiva del diseño de Dios para la vida y la piedad podemos considerar varios aspectos de la maternidad a la luz del evangelio, que es lo que haremos en la siguiente sección. Usando el patrón de creación, caída, redención y consumación que hemos explicado en el capítulo anterior, aplicaremos el evangelio a todo, desde platos hasta tiempos devocionales y discapacidades. Recuerda que la personalidad de cada madre, sus pecados y circunstancias son únicas, y que hay innumerables formas de mirar cada tema y de aplicar el evangelio. Para los propósitos de este libro, hemos elegido un solo ángulo común.

Esperamos que la siguiente sección te brinde temas de reflexión que te lleven a meditar en las Escrituras, a un amor más profundo por Dios, a una esperanza más plena en la salvación, a una mayor motivación hacia la obediencia, a una necesidad más sincera de comunión con otros creyentes. No es algo exhaustivo, pero es un comienzo. Empecemos.

PREGUNTAS PARA REFLEXIONAR

1. ¿Puedes sintetizar el propósito de Dios para la maternidad en tus propias palabras? ¿Cómo se compara esto con tu idea de la mamá ideal?

2. ¿De qué maneras has observado los efectos de la caída en tu propia maternidad? ¿A dónde quiere Dios que acudas en las dificultades, cuando te sientes desanimada por tu incapacidad de dar la talla?

3. ¿En qué necesitas la ayuda de Dios para vivir su propósito hoy?

II
LA ESPERANZA DEL EVANGELIO PARA MOMENTOS COTIDIANOS DE LA MATERNIDAD

EL EVANGELIO Y NUESTRAS ACTITUDES DEL CORAZÓN

Laura

Era otra noche de trabajo nocturno para mi esposo. Afuera había caído una densa capa de nieve, lo cual significó que yo había estado todo el día en casa sola con mis tres hijos para evitar las carreteras. Habíamos realizado todas las actividades divertidas que se me podían ocurrir: jugar con rompecabezas, leer libros, modelar con plastilina, pintar con acuarelas, construir un fuerte bajo la mesa del comedor, jugar en la sala imaginando que éramos paleontólogos. Habíamos hecho todo lo imaginable. A las cinco de la tarde, levanté la bandera blanca y les propuse a los niños poner una película y comer una merienda mientras el bebé dormía.

Para ser sincera, todo el día había esperado ese momento. Sentí que merecía el descanso porque había estado completamente dedicada a mis hijos. Había sido una buena mamá, una mamá divertida… ¡me atrevería a decir que una mamá Pinterest! Mi esposo estaba en plena temporada de trabajo con jornadas de más de 12 horas, seis o siete días por semana. Es decir, ¿acaso no merecía un poco de reconocimiento por mi sacrificio?

Cuando encendí la televisión, pregunté a los niños qué querían ver, y de inmediato se desató una pelea. Ella quería dinosaurios, él quería dragones, y ninguno cedía. Cuando intenté ponerle fin a la pelea, subí mi voz más y más, y de repente sentí que estalló mi frustración contenida a lo largo de un día de encierro en casa. Lancé amenazas vanas acerca de no ver ningún programa si no podían parar de pelear. Al tiempo que escogía un programa completamente diferente, les dije: "La televisión es un privilegio". Y me fui.

En la otra habitación, me desplomé. Cuando las palabras salieron de mi boca yo me di cuenta de que había sido injusta y áspera con mis hijos. Había ventilado mi frustración con ellos, pero en ese momento no me importó. Yo podía argüir fácilmente con una lista de 15 razones por las cuales merecía un descanso mientras los niños miraban un programa en la televisión, pero mientras las repasaba en mi cabeza, me di cuenta de que todas eran orgullosas y egocéntricas. Confesé todo a Dios, rogándole que se manifestara en mis áreas de debilidad.

Me puse de pie y volví a la sala para disculparme con mis hijos. Pausé el programa (y las protestas no se hicieron esperar). Les dije: "Lo siento, ¿me perdonan?". Les dije que yo no quería ser esa clase de mamá y que, por fortuna, gracias a Cristo, no estaba condenada a serlo.

El mensaje de la cultura: Cambia tus circunstancias

Creo que todas podemos estar de acuerdo con que la maternidad es difícil y que la vida puede sacar lo peor que hay en nosotras. Sin embargo, la cultura asegura que, si tenemos los sistemas adecuados en orden, siempre podemos ser la mejor versión de nosotras mismas. Durante un programa de ejercicios que utilicé hace poco, el entrenador gritaba: "¡Dame 30 minutos de tu día y te prometo que serás una mejor persona, esposa o madre!". Se nos dice que somos nosotras quienes estamos al volante. Si nos esforzamos un poquito más, al final lograremos controlar nuestras circunstancias, y nuestras preocupaciones, nuestros temores y frustraciones se desvanecerán.

La respuesta de una mamá a su corazón dolido y a sus estallidos emocionales es simple: "Solo necesitas levantarte más temprano. Comprar una agenda mejor. Rotar los juguetes con más frecuencia. Hacer una lista de tareas. Implementar un sistema de limpieza del hogar. Buscar una asistente personal para tu creciente negocio en casa. Usar un rincón para pensar. Comer menos azúcar. Contar hasta 20 y recitar un mantra relajante antes de hablar".

Y si bien tiene su valor ser organizada, implementar sistemas inteligentes y hacer ajustes ingeniosos a tu vida, la mentira sutil subyacente engaña nuestros corazones con falsas promesas: Haz esto, ¡y tendrás el control! Haz esto, ¡y serás una mejor madre!

Así que nos despertamos cada día para hacer lo que sea que quite el enojo, el estrés y la preocupación, con la esperanza de extraer algo de paciencia y paz que están escondidos en algún lugar en nuestro interior. Creemos que, si tan solo pudiéramos tener más control sobre nuestro ambiente externo, no nos sentiríamos tan inestables por dentro. Colgamos frases de inspiración en nuestra pared, empezamos un nuevo plan de comidas semanales que vimos en Instagram, y probamos una nueva estrategia disciplinaria acerca de la cual escuchamos en un podcast.

Sin embargo, con el paso de los días, cada estrategia nos falla. Nuestra paciencia se agota, nuestra paz se agota, y pasamos por el ciclo habitual de frustración, desesperanza y culpa. Sin importar qué implementemos o cuánto reprimamos nuestras emociones, seguimos siendo un desastre. Completamente estresadas y fuera de control buscamos algo o alguien a quien endilgar nuestra culpa. Repartir castigos injustos, justificar la preocupación y la ansiedad, y vivir con remordimientos por lo que decimos son algunas acciones que nos llevan a vivir desdichadas, pero no sabemos qué cambiar.

Algunas veces en la maternidad ansiamos tanto el control y la comodidad que se convierten en nuestro objeto de adoración. Perseguimos todo aquello que pueda darnos poder sobre nuestro hogar, esposo e hijos, convencidas de que, si tan solo encontráramos el boleto mágico, la maternidad sería más fácil y por fin seríamos pacíficas, pacientes y amables. Por fin seríamos las mujeres que deseamos ser.

No obstante, sin importar cuánto esfuerzo invirtamos en la tarea, parece imposible domar la naturaleza de dragón que ruge por dentro, sedienta de control y de éxito.

Lo que necesitamos en realidad es un cazador de dragones.

El mensaje del evangelio

CREACIÓN: Creados para adorar

Observa a un niño lo suficiente y te darás cuenta de que los seres humanos están hechos para adorar. Como un niño pequeño en el pasillo de juguetes que hace un berrinche porque no le compras el gatito violeta con los ojos gigantescos, su rabia es solo la expresión de la guerra de adoración que se libra en su corazón. Dios nos hizo a su imagen para su gloria, lo cual significa que fuimos creados por Dios, para Dios y para adorar[1]. Como humanos, la adoración

---

[1] Génesis 1:27; Isaías 43:7.

es algo que hacemos todo el día, todos los días. No podemos separarla de la experiencia humana, porque es parte de nuestro mismo ser.

Mucho antes de que Adán y Eva o cualquier otro ser humano existiera, Dios es el único digno de nuestra adoración. Él es el Creador, nosotros las criaturas.[2] En el relato del Génesis vemos un diseño intencional en la tierra que evidencia que Él es soberano, que Él tiene el control y que Él sustenta todo.

Él es Dios y el único digno de adoración.

CAÍDA: El engaño del dragón

Puesto que hemos sido creadas para adorar, ansiamos adorar. En la caída, Satanás (más adelante descrito como un dragón[3]) engañó a Eva cuando ella sintió ansias de adorarse a sí misma por encima de Dios. Ella dudó de las promesas de Dios, pensando que si tan solo tenía el control de sus circunstancias podía sentirse mejor. Rápidamente, sus circunstancias empeoraron. Separado de su Creador, el corazón humano empezó a vagar y a errar en busca de adoración.[4]

Ahora, de manera consciente o inconsciente, buscamos ídolos funcionales para reemplazar el lugar que pertenece a Dios en nuestras vidas. Esto puede tomar miles de formas diferentes: dinero, fama, niños obedientes como un robot, un par de jeans mágicos que oculten el abultamiento postparto, pero con mayor frecuencia vivimos en la negación de la rebeldía de nuestros corazones. Levantamos la voz cuando sentimos que no nos escuchan. Nos defendemos cuando nos sentimos ofendidas. Nos preocupamos cuando perdemos el control. El dragón susurra mentiras a nuestros oídos: "Esfuérzate más. Sé mejor. Mantén el control. Busca la fuerza de voluntad en tu interior".

Y, como Adán y Eva señalaron a Dios cuando les preguntó qué había sucedido,[5] nos protegemos a toda costa, buscando de todas las formas evitar el dolor, la dificultad o el fracaso cuando la vida no va en la dirección que queremos. Sin embargo, puesto que ya no vivimos en comunión con nuestra verdadera fuente de adoración, todas nuestras soluciones mundanas nos fallan, y nuestra adoración desviada se revela en forma de preocupación, enojo, ansiedad, impaciencia y demás.

Por haber escuchado al dragón, nos hemos vuelto como el dragón.

---

[2] Efesios 3:9; Colosenses 1:16.
[3] Apocalipsis 12:7.
[4] Génesis 3:8.
[5] Génesis 3:9-13.

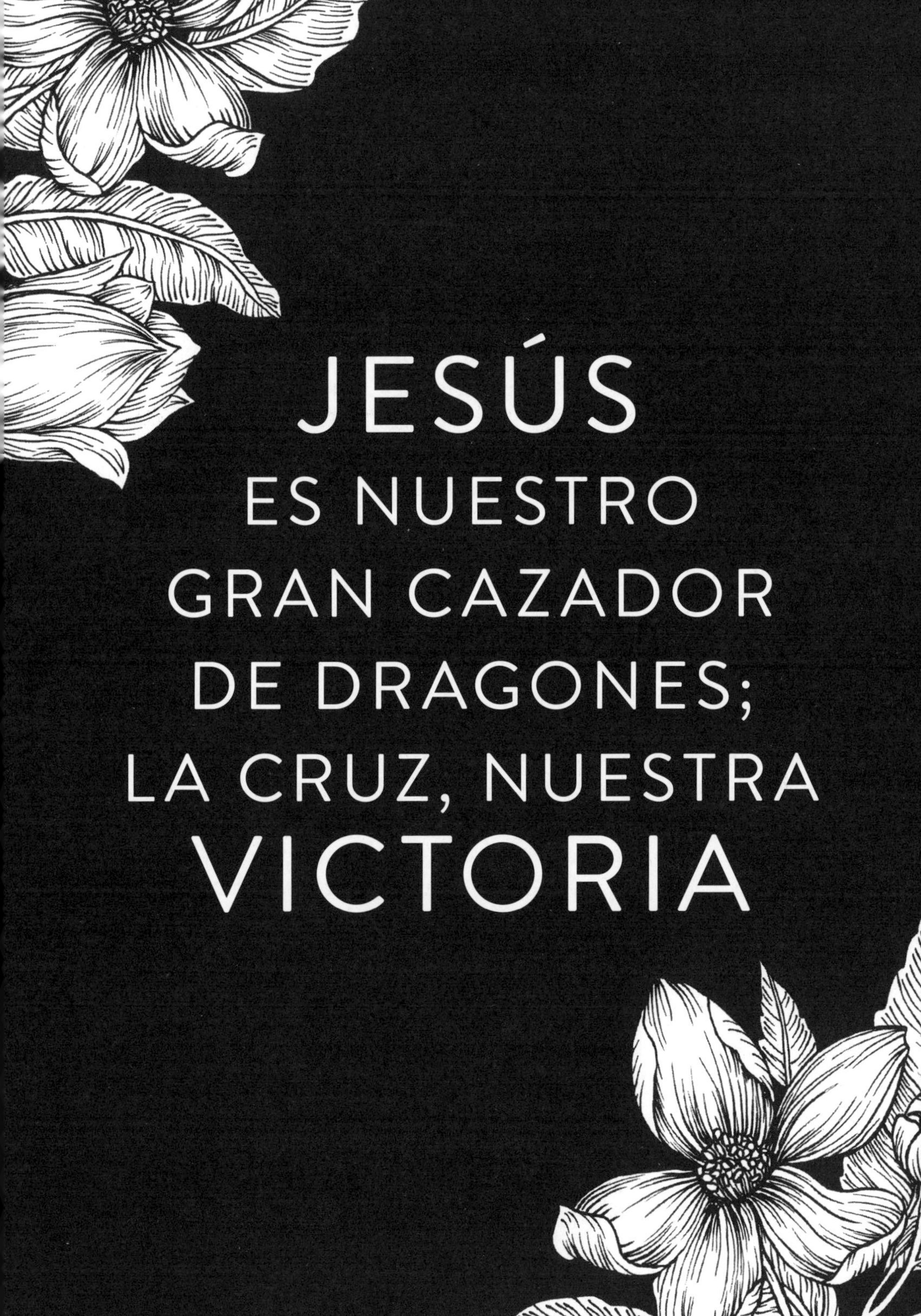
JESÚS
ES NUESTRO
GRAN CAZADOR
DE DRAGONES;
LA CRUZ, NUESTRA
VICTORIA

REDENCIÓN: El gran cazador de dragones

Ninguno de los grandes héroes de la Biblia podía derrotar a Satanás el dragón. En vez de resistir la tentación, Eva adoró su propio plan para su futuro en lugar del designio de Dios. En vez de confiar en Dios, Moisés huyó al desierto valorando más su propia seguridad y rechazando el propósito de Dios para él. En vez de creer en la soberanía de Dios, David idolatró sus propios deseos de placer y protección, al punto de quitarle la vida a otro ser humano.

Nosotras tampoco podemos derrotar al dragón por nuestra cuenta. El corazón errante y débil de los seres humanos es incapaz de ganar la batalla cósmica. Gracias a Dios que Él envió a un Rey guerrero para rescatarnos de las mentiras del dragón. Por medio de la victoria de Cristo sobre la muerte, Él venció al dragón para siempre, desarmando su engaño y sus mentiras y armándonos para resistir sus artimañas. Jesús hizo lo que nosotras nunca podríamos hacer: vivió una vida perfecta de adoración al Padre en nuestro lugar, resistiendo cada tentación y acusación.

Jesús es nuestro gran cazador de dragones; la cruz, nuestra victoria.

Gracias a ello, el Espíritu Santo nos transforma desde nuestro interior hacia nuestro exterior. Ya no tenemos que controlar nuestras circunstancias externas ni echar mano de nuestras fuerzas para tener una buena actitud, una presencia pacífica, o una palabra amable, porque lo que necesitamos ya nos ha sido dado. Cristo es nuestra paciencia. Cristo es nuestra paz. Cristo es nuestra bondad. Cristo es nuestro gozo. Sin importar cuáles sean nuestras circunstancias, sabemos que Dios tiene el control, no nosotras, y podemos confiar en sus promesas cuando las cosas no salen como queremos.

En el poder de Cristo, podemos domar la naturaleza de dragón que llevamos dentro.

CONSUMACIÓN: La derrota final del dragón

Un día, el dragón será destruido para siempre. Él tiene un gobierno pasajero sobre la tierra, pero sabemos que cuando Cristo regrese y nos reunamos con Él en el cielo, Satanás será derrotado definitivamente.[6] Entonces ya no batallaremos nunca más con una adoración en conflicto. En la eternidad viviremos absortas en la presencia de nuestro Salvador para disfrutar por fin plenamente de su gloria y de su bondad, y viviremos en una adoración a nuestro Dios sin inhibiciones.[7]

---

[6] Apocalipsis 20:10.
[7] Apocalipsis 21:1-4.

Hasta entonces, Dios usa las circunstancias de nuestra vida para suavizar y formar nuestros corazones de tal modo que lo reflejen a Él. Cuando encontramos nuestro gozo en Él y en sus promesas, podemos reflejar a Cristo con respuestas de gracia y de bondad aun a pesar de que las cosas no sean como queremos. Podemos ser ejemplo de una vida de restauración para nuestros hijos confesando nuestro egoísmo a lo largo del día y buscando la reconciliación en nuestras relaciones. Podemos confiar que los berrinches de nuestros pequeños son usados para nuestra propia transformación en la semejanza de Cristo. Podemos adorar y agradecer a Dios por Cristo nuestro héroe que ha atado al dragón y que lo mantiene atado hasta el regreso triunfal de Cristo.

Un cambio de adentro hacia fuera

Les digo a mis hijos: "Hablen palabras de vida". Les pregunto: "¿Lo que acabas de decir es verdadero, necesario y amable? Debe ser las tres cosas". (Como todos mis buenos dichos, lo robé de otra madre más experimentada y más sabia que yo). Es curioso cómo mis oídos tienen un radar incorporado para oír a mis hijos cuando idolatran algo. Oigo sus vocecitas, las palabras que escogen y la manera como interactúan con las personas que los rodean. Me indigna oír su adoración extraviada, mientras que parezco inmune a mi propio corazón rebelde, y de ese modo me doy a mí misma licencia para comportarme y decir lo que se me antoja, incluso cuando es cualquier cosa menos vida.

Cuando la maternidad se vuelve difícil, a menudo quiero culpar a mis circunstancias, mis hijos o mi esposo. Sin embargo, mi mayor problema con la maternidad soy yo misma. Cuando me afano por la agenda de mañana o me enojo porque mi tiempo a solas en la mañana es demasiado breve, mi corazón revela lo que ya está ahí: la adoración desviada que se inclina a mi propia comodidad y mi control. ¿Te sientes identificada con esto?

Entonces, ¿cómo cambiamos las actitudes de nuestro corazón? ¿Cómo podemos dejar de sentirnos como si fuera imposible controlar nuestro genio, nuestra preocupación o nuestra ansiedad? A diferencia del mensaje del mundo, nuestro cambio no ocurre esforzándonos por mejorar nuestras circunstancias externas. El cambio ocurre en nuestro interior y se refleja en nuestro exterior. En vez de intervenir el mundo que nos rodea, podemos detenernos y preguntarnos: "¿Estoy confiando en Dios y en sus promesas ahora mismo, o estoy dejando que mis circunstancias exacerben mis emociones?". Al poner nuestro gozo, nuestra confianza y nuestra esperanza en

Cristo y no en nuestra situación, nuestros corazones tendrán un fundamento sólido e inamovible en el cual descansar sin importar cuál sea nuestro ambiente que está en cambio constante.

Esto suena sencillo, pero en ocasiones resulta difícil. Sin embargo, lo hacemos mediante nuestro conocimiento de las promesas de Dios y nuestra confianza en ellas. Y lo hacemos mediante el estudio de la Palabra de Dios, pasando tiempo en oración, confesando nuestros pecados (incluso a nuestros hijos pequeños), y predicando el evangelio a nuestro propio corazón.[8] Es llevar nuestros temores, dudas, problemas y afanes a la cruz. Es confiar en que Dios puede manejarlos mejor que nosotras. Creer en la bondad de Dios nunca falla. Significa entender que Él tiene el control y no nosotras, y creer que eso es bueno.

Una nueva creación

Muchas tememos que las actitudes negativas de nuestro corazón reflejen lo que somos realmente en nuestro interior. Nos ponemos etiquetas a nosotras mismas: "Yo soy la mamá enojada, la mamá preocupada, la mamá estresada…". Y sin Cristo, eso es verdad. Todas somos pecadoras y vamos de camino a la autodestrucción. Nuestros corazones son torcidos y erráticos, inconstantes, obstinados y renuentes a arrepentirse. Tenemos corazones caprichosos con una inclinación natural hacia las actitudes negativas.

Sin embargo, si tú eres creyente, estás unida a Cristo.[9] Esto significa que Cristo está en ti. No es Cristo por un lado y tú por el otro, o Cristo y luego tú, y Cristo sí y tú no. Es Cristo *en* ti, lo cual significa que posees todo lo que tu héroe guerrero cazador de dragones posee. Cuando quedas despojada de todo, cuando quitas todo aquello que crees que te define —tus pasatiempos, sueños, habilidades, personalidad, debilidades y tendencias pecaminosas—, ¿quién eres? Si estás en Cristo, entonces no es la mujer pecadora e incontrolable a la que temes lo que queda. Lo que queda es Cristo. Es nuestro Salvador amoroso, amable, misericordioso y lleno de gracia.

Por medio de tu fe en Jesús eres una nueva creación en Cristo, lo cual significa que por el poder del Espíritu Santo tú puedes cambiar. Ya no tienes que ceder a las tentaciones, luchar por tener el control sobre las diferentes áreas de tu vida, o dar rienda suelta a todo lo que sientes. No eres una víc-

---

[8] Ver el capítulo 19 para más instrucción acerca de cómo predicarte el evangelio a ti misma.
[9] Juan 17:23; 1 Corintios 1:30; 2 Corintios 13:5.

tima de tus circunstancias. Confía que en virtud de la obra de Cristo en la cruz tú puedes crecer, mejorar y ser transformada para ser más como Él.

Querida madre amiga, Dios no te ha dejado sola para que batalles contra el dragón en tus fuerzas. Confía en las promesas de Dios. Cree que estás unida a Cristo. Intercambia tus preocupaciones, temores y enojo con la adoración de tu Padre bueno y amoroso que envió a su Hijo a batallar por ti. Recuerda que nada carece de sentido en la vida cristiana. Dios usa las circunstancias caprichosas para revelar cuán caprichosos son nuestros corazones. Cada día, cuando sientas que aumenta la presión, mira a Cristo y busca en Él todo lo que necesitas. Él es fuerte donde tú eres débil. Él es perfecto donde tú fallas. Él es tu plenitud cuando estás vacía.

Él derrota al dragón cuando tú necesitas un héroe.

PREGUNTAS PARA REFLEXIONAR

1. ¿Cómo reaccionas cuando las cosas no se hacen a tu manera? ¿Cómo revela esa respuesta aquello que tu corazón adora?

2. ¿De qué maneras tratas de controlar la vida manipulando tu ambiente externo? ¿Cómo puedes rendir a Dios tu deseo de control? ¿Hacia dónde puedes reorientar tu esperanza?

3. ¿Cuál es un área en la que puedes elegir poner tu gozo en Cristo y no en tu ambiente en cambio constante? ¿Qué pasos específicos puedes dar hoy para cambiar?

◆ **5**

EL EVANGELIO Y NUESTRAS TRANSICIONES

Emily

Había un montón de cajas apiladas y de contenedores alineados en las paredes de nuestra sala, los cuales invitaban a nuestros cuatro hijos pequeños a convertirlos en fuertes y túneles. Podía considerar que era un buen día si lograba que no desempacaran la mitad de los juguetes, libros y utensilios de cocina que yo ya había organizado en cajas. Estábamos preparándonos para una mudanza, y las cosas no iban tan rápido como se esperaba.

Aunque estábamos concentrados en nuestra nueva casa, también me distraía con otras cosas. Un primer trimestre de embarazo plagado de náuseas significaba tardes completas acostada en el sofá, atragantada con cada bocado de comida que parecía apetitoso. Estábamos en medio del proceso de comprender el retraso en el desarrollo de nuestra hija de 18 meses, un proceso doloroso e inesperado. Y estábamos en pleno invierno, la temporada del año que menos me gusta.

Para resumir, quería que todas esas transiciones terminaran porque no veía nada bueno en esa temporada tan agotadora. Si la vida iba a ser tan difícil, al menos tenía que valer la pena.

Descargamos el camión de mudanzas un día curiosamente cálido de febrero, y recuerdo claramente que brillaba el sol. Durante unas horas, me quedé en nuestra nueva casa inundada de luz y pude imaginar el fin del invierno. La idea de descargar las cajas y de organizar todo me sacó una sonrisa. Las pruebas más grandes de la vida no habían terminado, pero venía la primavera. El hielo del techo que se derretía era la prueba de ello, y visualicé el final de esta transición, con nuevas hojas brotando y los campos de maíz alrededor de nuestra casa dando su cosecha.

Esta no era la primera transición en la vida que yo deseaba dar por terminada. La larga espera entre la infancia y la juventud incluyó la incómoda adolescencia. Entre la universidad y la vida profesional existe una tierra de nadie con un millón de opciones. Los meses entre las citas amorosas y el compromiso matrimonial estuvieron plagados de dudas. Entre el comienzo del parto y el bebé en mis brazos hubo dolor y presión intensos.

Desde mi perspectiva humana, las transiciones no son deseables. Más bien suelen caracterizarse por el dolor, la incomodidad, la confusión, las salidas falsas y el conflicto. Las transiciones pueden percibirse como una temporada inútil entre los buenos tiempos del pasado y la siguiente aventura de la vida. No obstante, es indispensable pasar del punto A al punto B, y ese espacio intermedio es el que Dios usa magistralmente y con frecuencia para hacernos más como Cristo.

El mensaje de la cultura: Encuentra belleza en el desorden y mira hacia delante

En una era de exposición pública de la realidad personal, vemos cómo las personas lamentan las transiciones de la vida. Las mamás publican fotografías de las cajas de mudanza o de la progresión de sus cuerpos en embarazo con letreros de cada etapa. Escriben acerca de la tristeza del vientre vacío o expresan sus luchas con la espera de un diagnóstico para su hijo. Nos estamos acostumbrando a abrazar las transiciones incómodas y dolorosas de la vida con la solidaridad y el acompañamiento de otros.

Esa tendencia tiene su valor. Reconocer y validar las etapas caóticas de la vida nos asegura que no estamos solas. Nos da un respiro de alivio. Jesús lloró con los que estaban de luto, cuidándose de no encubrir la pena del problema, la pérdida y la muerte. Sin embargo, tenemos que preguntarnos si las afirmaciones positivas y el impulso a "mirar hacia delante" extienden nuestra mirada lo suficiente para infundir esperanza verdadera.

Las lamentaciones de la cultura moderna de la maternidad nos animan a encontrar belleza en el caos. Las personas influyentes nos dicen que vamos a ser más fuertes cuando verbalicemos lo bueno que nos rodea con una expresión de gratitud: "Sé positiva. Quizá te resulte difícil volver a la rutina y la felicidad después de tener a tu bebé, pero trata de disfrutarlo de todos modos; algún día apreciarás estos días".

Se nos tienta a mirar hacia delante a lo que nos espera, a poner nuestros ojos en el premio, el final de la transición. Nos decimos a nosotras mismas: "Este embarazo es difícil, pero todo será mejor cuando nazca el bebé" o "Mudarse con un niño pequeño es bastante caótico, pero ya casi llegamos a nuestra casa definitiva. Y todo se estabilizará".

Sin embargo, ¿qué pasa si el embarazo no produce un bebé sano? ¿Qué pasa cuando el bebé tiene un problema médico y nunca duerme como se espera? ¿Qué pasa cuando la venta de la casa se cancela o tu esposo pierde su empleo? Arraigar nuestra esperanza en nuestras circunstancias resulta siempre arriesgado. También lo es pensar: "Esta es mi última transición. Cuando esto termine, por fin seremos felices".

La gratitud y el pensamiento positivo en el momento son útiles, pero no hacen desaparecer el dolor. Mirar hacia el futuro (sin tener en cuenta las promesas de Dios) brinda alivio cuando las cosas resultan ser como esperamos, pero no ofrecen garantía alguna. Necesitamos algo que haga valer la pena lo que hacemos, que nos imparta vida cuando lo que sentimos es muerte, que ofrezca un propósito cuando nuestros días parecen vanos, que permita reconocer las heridas al tiempo que provee una respuesta infinitamente mejor para nuestras etapas difíciles. Por duro que sea recordar, soportamos por la esperanza puesta delante de nosotras, confiando que Dios tiene un propósito más grande que la batalla que vemos hoy.

El mensaje del evangelio

CREACIÓN: El primer Edén

Cuando pensamos en nuestras transiciones, mudarnos de una casa a otra, de un país a otro, cuando pasamos de ser una familia pequeña a una grande, o de una etapa de la vida a la siguiente, debemos recordar la transición más grande del pueblo de Dios. Esa jornada empieza en el Edén.

El punto de partida para la humanidad fue un huerto donde tenían acceso a Dios y gozaban de comunión con Él.[1] Vivían desnudos, sin vergüenza, inmaculados, y tenían una misión y un trabajo importantes. Aunque experimentaban transiciones (¡imagínate el primer día de Adán y Eva juntos!) no padecían las interrupciones propias de nuestras transiciones

---

[1] Génesis 3:8.

de hoy, que producen frustración y agotamiento. Dios declaró que todo esto era bueno en gran manera.[2]

CAÍDA: Expulsados del Edén

Adán y Eva vivieron su primera transición plagada de pecado cuando comieron del árbol del conocimiento del bien y del mal, el único árbol que Dios declaró prohibido. Los portadores de la imagen de Dios que eran "buenos en gran manera" se escondieron como pecadores llenos de vergüenza. Los cambios y las maldiciones no terminarían allí.

Después del huerto, las cosas se complicaron para ellos. El hombre tendría que trabajar arduamente y con muchas dificultades, y las mujeres experimentarían terribles dolores para dar a luz.[3] Satanás introduce su siseo tentador en cada faceta de la vida, convirtiendo aun la transición más sencilla en una experiencia ardua y difícil de soportar con fe.

Miles de años después, las madres modernas enfrentan aún trimestres de embarazo con temor y meses de posparto con abatimiento. Somos tan conscientes de que la transición supone dificultad que la esperamos como una certeza y no como una posibilidad. Pasar de dos hijos a tres, mudarse a otro país para volverse misioneros, ajustarse a la vida familiar normal después de una semana de vacaciones, o recibir otro niño en acogida son experiencias difíciles, tal como lo hemos predicho. Sabemos bien que ya no estamos en el Edén, y anhelamos encontrar un destino tranquilo y hermoso que se le parezca.

REDENCIÓN: Acceso al Edén

El pueblo de Dios también experimentó una dura transición después de dejar el huerto. Los israelitas, después de disfrutar de una vida sin necesidades bajo el cuidado de José, se convirtieron en esclavos con ansias de un rescate. Cuando Dios los liberó, ellos vagaron por el desierto al punto que dudaron que algún día llegarían a su destino: la tierra prometida. Cuando llegaron allí, tuvieron que soportar una serie de jueces y de reyes que fueron infieles. Después de la deportación y del exilio parcial, Dios guardó silencio durante un período largo en el que no hubo profecía y ellos esperaban al Mesías.

Ellos sintieron que el plan de Dios para la redención era dolorosamente

---

[2] Génesis 1:31.
[3] Génesis 3:14-19.

DIOS

TIENE UN

PROPÓSITO

MÁS GRANDE

QUE LA

BATALLA

QUE VEMOS HOY

lento, pero Él estaba obrando para la restauración en tiempos de transición con un hermoso propósito en mente. A lo largo de más de un milenio, Él llevó la historia al punto de preparación para la llegada de su Hijo en Belén. Las personas buscaban un fin definitivo para su sufrimiento, pero Dios proveyó una solución inesperada por medio de su Hijo, llevándolos del antiguo al nuevo pacto, una transición sin precedentes.[4]

Con la ayuda del Espíritu Santo morando en ellos, el pueblo del nuevo pacto podía soportar las pruebas con gozo, sabiendo que ellas producen una fe más grande, firme y profunda.[5] Los creyentes experimentaron la transición de su viejo yo a su nuevo yo en Cristo, llevando vidas santas en medio de muchos desafíos.[6] Ahora podemos vernos creciendo en santidad contemplando a Cristo en nuestras transiciones, despojándonos del pecado y amando a otros conforme Dios produce en nosotras el fruto del Espíritu.[7]

Gracias a Jesús, las transiciones no solo están marcadas por el dolor, la dificultad y la lucha, sino que son parte de un plan redentor que se caracteriza por la santificación del pueblo de Dios que se aparta de sus antiguos pecados y crece en la semejanza de Cristo.

CONSUMACIÓN: Un nuevo Edén

Todas las personas bajo el nuevo pacto de Dios experimentan el cambio mientras esperan. Todavía estamos entre el punto A (esta temporada en la tierra en la que ya estamos redimidos, pero no plenamente restaurados) y el punto B (cuando Jesús renueva todas las cosas). Aunque experimentamos redención en breves temporadas de sufrimiento, incomodidad, lucha y perfeccionamiento, estas pequeñas jornadas reflejan aquella más grande que culmina en el estallido primaveral más espectacular que podamos imaginar.

Esta es la garantía: llegaremos a casa.[8] Cuando lleguemos al nuevo y mejor Edén veremos en perspectiva las dificultades de esta vida, en comunión plena con Dios por medio de Cristo para siempre.

Ninguna etapa es pérdida

Es útil saber que hay una historia más grande que explica el sufrimiento y

---

[4] Hebreos 8:13.
[5] Santiago 1:2-3.
[6] Efesios 4:22-23.
[7] 2 Corintios 3:18; Gálatas 5:22-23.
[8] Juan 6:37.

la lucha que suponen las transiciones de esta vida, pero francamente no siempre minimiza el impacto cuando hay incertidumbre de un nuevo trabajo para nuestro esposo o sentimos que nunca encontraremos una comunidad de fe en nuestra nueva ciudad. Cuando estamos en la lucha de ajustarnos a un nuevo hijo adoptado en la familia o nos asusta el fin del año escolar y tener a los hijos todo el verano, empezamos a sentir que se trata de etapas inútiles y nuestra meta se convierte en sobrevivirla y nada más.

Entiendo las épocas difíciles de transición, como lo vivimos con cada nuevo miembro de nuestra familia. Cuando teníamos cuatro hijos, el mayor de tres años y el menor un recién nacido, los días eran increíblemente largos. Una mañana antes de ir a la iglesia, mi esposo salió primero y me dejó en casa con todos. Yo estaba decidida a preparar comida para un almuerzo comunitario al que íbamos a asistir después de la iglesia. En solo dos horas tenía que amamantar, bañarme, cambiar la ropa de todos y preparar una comida. Hubo mucho "llanto y crujir de dientes".

Cuando por fin llegamos al almuerzo, estaba tan cansada y agotada, que tropecé y dejé caer la comida antes de ponerla sobre la mesa. Ver el plato partido en cientos de fragmentos de vidrio sobre el piso fue una representación vergonzosa de mi corazón durante nuestra transición a la nueva normalidad. Yo era un gran desastre acalorado que se disparaba en cientos de direcciones diferentes, dudando de mi utilidad en semejante estado tan lamentable.

Así son las transiciones. Pueden sacar lo peor de nosotras, robarnos lo que creemos que necesitamos para ser felices, estar cómodas y florecer hasta que nuestra verdadera naturaleza sea revelada. Dios nos muestra nuestra impaciencia cuando nuestro esposo trabaja tarde cada noche o viaja por semanas y semanas. Nos muestra nuestro corazón inconstante cuando un alboroto de nuestros niños nos manda a buscar refugio en las redes sociales.

Cuando un herrero quiere purificar oro, lo calienta hasta que las impurezas afloran de tal modo que él puede retirarlas de la superficie. Sin el calor, las impurezas quedan incrustadas en el oro. De igual manera, nuestras circunstancias suben la temperatura hasta que vemos lo que hay en nuestros corazones. No es que antes acostumbrábamos ser amables y vigorosas y ahora (por cuenta de esta transición y de las cosas que se salen de nuestro control) de repente somos irritables y ásperas. Esos cambios simplemente sacan a la luz el pecado oculto que existía antes en la comodidad y familiaridad de nuestras viejas circunstancias.

De igual manera, Dios permite que experimentemos el sufrimiento, la dificultad y la incomodidad de las temporadas de transición a fin de que nuestra fe sea probada y purificada, porque esto se traduce en gloria eterna y en alabanza para Cristo.[9] La transición que tú ansías que termine no es una temporada perdida, sino que es un tiempo lleno de propósitos divinos, cuando en retrospectiva contará una historia de pecado y necesidad que nos condujo al Padre y nos hizo amar más como el Hijo ama.

Lo mejor está por venir

Si bien tenemos razón en esperar algo mejor, con frecuencia nos equivocamos respecto a lo que esto significa. No tenemos que conformarnos con aguantar hasta que termine esta transición, hasta que por fin podamos dormir la noche entera, hasta que nos familiaricemos mejor con la rutina escolar, o hasta que desempaquemos las cajas de la última mudanza. En vez de esto, tenemos que resistir hasta que encontremos a Jesús cara a cara, y entretanto encontrar gozo y propósito.

En la historia *El progreso del peregrino*, una alegoría de la vida cristiana, el personaje principal, Cristiano, sale de la Ciudad de la Destrucción hacia la Ciudad Celestial.[10] A lo largo del camino enfrenta diversas pruebas: personas que quieren tratar de desviarlo del camino estrecho, personas que tratan de ofrecerle placeres mundanos, criaturas que intentan encarcelarlo y derrotarlo con mentiras y desesperanza. Cada prueba es seguida de un período de descanso o restauración. Cristiano experimenta el gozo que le infunden el ánimo y la comunión de otros creyentes, pero casi se ahoga en la última etapa del viaje cuando cruza el río a la Ciudad Celestial.

Historias como esta nos recuerdan que nuestra meta en la vida no es simplemente sobrevivir esta dificultad presente con la esperanza de que sea la última. Antes bien, soportamos todo lo que Dios tiene para nosotras hasta el final, creyendo las promesas de Dios aun cuando no podemos ver su cumplimiento.

Dios no promete que nuestra difícil temporada presente termine como nosotras queremos, pero sí promete que estará con nosotras todo el tiempo hasta el final. Él proveerá fortaleza, refrigerio y aliento hasta que lleguemos al punto B final, donde nunca volveremos a experimentar penas.[11] Así como

---

[9] 1 Pedro 1:7.

[10] Juan Bunyan, *El progreso del peregrino* (Grand Rapids: Portavoz, 1981).

[11] Salmo 23:4; 2 Corintios 12:9-10; Apocalipsis 21:4.

DIOS TIENE BUENOS PROPÓSITOS PARA HOY

proveyó un oasis para los israelitas sedientos y cansados en su travesía por el desierto, Él puede proveer refrigerio en nuestras etapas de transición si clamamos a Él con una actitud de fe.[12]

En la etapa en la que tenía náuseas por el embarazo, niños pequeños, cajas de mudanza y problemas médicos, necesité una promesa de primavera. Pero no se trataba nada más de que brotaran flores o el maíz creciera cuando nos mudamos a nuestra nueva casa (las cosas quedaron en cajas por mucho más tiempo de lo que esperaba), ni que yo tuviera energía en el segundo trimestre de embarazo (en realidad me sentí cansada hasta el final del embarazo), ni que mi hija progresara y superara los problemas médicos (no los superó, y nuestras preocupaciones aumentaron). Yo necesitaba ver el valor de la temporada de transición, cuando Dios estaba cavando, arando y rastrillando, y haciendo lo que mejor le parece en el duro suelo de mi corazón. Él estaba listo para sembrar nuevas semillas de fe que más adelante podían producir una gran cosecha para el reino. Él no se contentaba con dejar inactivo el campo de mi vida.

La verdadera primavera que todas necesitamos ansiar es el deshielo de la gélida empuñadura con que Satanás sujeta este mundo, cuando el sol pleno y triunfante de Dios y el Cordero alumbren las calles de la nueva Jerusalén.[13] Ese es el verdadero final de esta grande transición en la que todos gemimos, y es la única garantía.

Las etapas de transición son parte de la vida. Puede que no disfrutemos cada aspecto de ellas, pero no tenemos que temerlas. Dios nos ama demasiado para dejarnos cómodas, tal como somos y sin cambio alguno. La adopción, la esterilidad, la pérdida de trabajo, los parientes enfermos, los cambios profesionales y las nuevas escuelas pueden parecer transiciones indeseables. Pero gocémonos en los momentos de gozo y descanso, conscientes de que Dios tiene buenos propósitos para hoy y una promesa segura de nuestro destino final.

PREGUNTAS PARA REFLEXIONAR

1. ¿Qué transiciones vives en este momento y cómo enfrentas el estrés que producen?

---

[12] Éxodo 15:22-27.
[13] Apocalipsis 21:23.

2. ¿Cómo podría Dios obrar en tu transición para que sea mucho más que simple supervivencia? ¿Qué áreas de pecado e idolatría has descubierto y qué harás al respecto?

3. Al saber que esta no es una etapa perdida, ¿qué motivos de gratitud tienes para Dios hoy?

EL EVANGELIO Y NUESTRO MATRIMONIO

Laura

En mi primera cita de San Valentín con mi esposo, él no escatimó en detalles: una fila de velas de chocolate que terminaban en un ramo de rosas. Un paseo en un trineo de caballos con mantas afelpadas y termos de chocolate caliente. Una cena elegante en un restaurante en las afueras de la ciudad que servía sushi en pequeños botes. Aretes de diamantes.

Apuesto que no esperabas ese detalle, ¿o sí? Cuando él me los dio, yo estallé en llanto y le dije que no merecía tanto. Nunca había sido tan consentida, nunca me habían prodigado atenciones tan extravagantes por el simple hecho de agradarle a alguien.

Ahora avancemos rápidamente al día de San Valentín de 2018, diez años juntos, siete años de matrimonio, y tres hijos después. Acabábamos de mudarnos y vivíamos de forma provisional con mis padres, de modo que nos encontramos después del trabajo para ver una propiedad con posibilidad de compra. Yo cargaba al bebé mientras él llevaba de la mano a los dos mayores, caminando sobre la nieve y observando detenidamente el terreno. Después, paramos para comer algo en un restaurante local lleno de parejas, y éramos probablemente la única pareja con hijos en todo el edificio. Mientras estábamos en ese lugar, pillé a nuestro hijo mayor en una mentira. Le hice un guiño de aprobación a mi esposo para que él se encargara del asunto. Con todo, no me pareció suficiente y no pude evitar añadir otro tanto en el camino a casa para resaltar "la gravedad de la falsedad" a mi hijo de cuatro años, que para ese momento ya se había quedado dormido.

Cuando llegamos a casa nos repartimos las tareas. Yo me llevé al bebé para darle biberón, y él llevó a los otros dos a lavarse las manos y cepillarse los dientes. Al final todos terminamos en la misma habitación. Mi esposo puso música, y de inmediato empezó una fiesta familiar. Cuando los niños se quedaron dormidos, mi esposo deslizó en el mostrador de la cocina un corazón de chocolate en una envoltura roja, y dijo: "Feliz día de San Valentín, querida. Mira lo que te conseguí, me lo regalaron en la oficina".

Las cosas han cambiado un poco, por decir lo menos. Si bien nuestro primer día de San Valentín siempre tendrá un lugar especial en mi corazón (y no solo por su extravagancia), me encanta la manera en que la festividad ha cambiado para nosotros. No solo por el lugar donde vivimos, la familia que somos y cómo vivimos nuestros días; me encanta la manera en que *yo* he cambiado. Mi esposo y yo somos increíblemente diferentes, y Dios ha usado el matrimonio y la crianza de los hijos para ponerme en el fuego purificador. La incomodidad de la santificación duele, a veces tanto que apenas puedo soportarla, pero estoy agradecida por la obra que Dios ha hecho para hacerme crecer en santidad. Todavía me falta mucho por mejorar (como mi absurda necesidad de controlar la disciplina), pero Dios está usando a mi esposo para ayudarme a quitar la escoria hasta que solo quede el oro.

El mensaje de la cultura: Un amor fácil y divertido

Hace poco estuve en una despedida de soltera y, mientras escuchaba a las entretenidas mujeres hablar acerca de sus bodas futuras, no podía evitar recordar la mía. Yo era como ellas, una mujer llena de esperanza y optimismo. Sus relaciones con sus prometidos eran un sueño de romance, compromiso y comunicación.

Las novias que se dirigen hacia el altar a menudo están llenas de confianza: "Mientras nos tengamos el uno al otro, todo estará bien, ¡sin importar lo que nos sobrevenga en la vida!". El mundo nos dice que el matrimonio será rosas, paseos en trineo, diamantes y botes llenos de sushi que llegan a nuestra mesa para la cena. Merecemos un amor fácil, la clase de amor que es romántico todo el día y tierno toda la noche. ¡Un matrimonio emocionante, satisfactorio y apasionado! Si bien sabemos que habrá dificultades en el futuro, muchas creemos que todos los problemas están "allá afuera", y que los enfrentaremos con nuestros esposos a medida que se vayan presentando.

Sin embargo, el baile encantado no tarda en acabarse. Como un volcán, el apasionamiento hace erupción y luego se extingue, y te deja un montón de cenizas hasta las rodillas que luego te toca limpiar. Tu esposo te falla, tú le fallas a él, y tu confianza en el matrimonio se desmorona. De repente sabes que tus problemas no están "allá afuera", sino en la casa, viviendo *contigo* y (aunque no lo veas) *dentro de* ti. Pero no te preocupes, la cultura tiene otra respuesta, que va desde "el matrimonio te hará feliz" hasta "tus hijos te harán feliz".

Cuando menos lo piensas, estás buscando tu realización personal en el diminuto bebé que llora y al que acabas de envolver en sus mantas en su cuna. Tu caballero en su brillante armadura es ahora el enemigo con quien te disputas a media noche, enojados con el otro por algo que ninguno de los dos puede controlar. A medida que tus hijos crecen, aumentan los agravios contra tu esposo. Nuestra naturaleza interior que busca protegerse calma nuestras almas dolidas culpando a papá por el agotamiento y la discordia en la relación. Haces un recuento de todas las maneras en que tu esposo ha fallado, eriges un muro de protección, lo mantienes a distancia y solo dejas acercar a los bebés.

Es un círculo vicioso. Uno que no termina a menos que uno de ustedes levante la bandera blanca y reconozca: "Yo soy el problema. Lo siento. ¿Me perdonas?". Pero esto no se logra fácilmente. Tal vez a duras penas logremos disculparnos y modificar un poco nuestro comportamiento en nuestras propias fuerzas, pero nunca seremos capaces de cambiar verdaderamente nuestro comportamiento exterior a menos que indaguemos más hondo para cambiar el corazón. Y la transformación a ese nivel solo ocurre mediante la obra purificadora y reconstructiva del evangelio.

El mensaje del evangelio

CREACIÓN: Una unión

Al igual que las novias en la despedida de soltera a la que fui, la primera novia y su prometido empezaron probablemente su matrimonio con esperanza y optimismo. Cuando Dios trajo a Eva por primera vez a Adán, fue el inicio de un sinfín de ceremonias matrimoniales que unirían de por vida a dos personas ilusionadas.[1] Dios dio a la nueva pareja un propósito y una misión: fructificar y multiplicarse, y mantener el orden sobre la tierra.[2] Cada uno reflejaba la imaginen de Dios a su manera, eran diferentes entre sí, pero sus diferencias no eran motivo de división, sino ganancia. Se necesitaban el uno al otro para llevar a cabo las tareas que Dios les había asignado. En el Edén estaban unidos, los dos era uno, al trabajar juntos de manera desinteresada, encarnando el amor y la armonía por medio de la adoración exclusiva a Dios.

CAÍDA: Una unión dividida

Sin embargo, al igual que nuestros propios matrimonios, Adán y Eva no eran inmunes a las fallas del otro. Tan solo tres capítulos después, su relación perfecta era cosa del pasado. Cuando Eva dudó que Dios tuviera un buen plan para su vida y su unión con Adán, el pecado y la división entraron en el mundo, causando una ruptura en la relación matrimonial.

Ahora, como esposo y esposa, en vez de estar unidos conforme al diseño de Dios, a veces vivimos como dos individuos que se sientan en extremos opuestos de una mesa. Nos portamos como enemigos, no como aliados. Nos posicionamos como el juez y el jurado absoluto de la capacidad del otro de llevar a cabo su propósito y misión. Establecemos nuestros propios estándares en lugar de aceptar los de Dios. Ambos buscamos imponernos y, en lugar de buscar amar más al otro, buscamos que el matrimonio atienda nuestras propias necesidades y deseos egoístas. El pecado y su dolor nos llevan a temer ser abiertas, francas y vulnerables. Como madres, nos vemos tentadas a ocultarnos detrás de nuestros hijos, extendiéndoles amor incondicional mientras añadimos sin parar a la lista de condiciones que son inalcanzables para nuestros esposos.

En el matrimonio a veces vivimos como un "yo" en lugar de "nosotros" porque "nosotros" suena demasiado arriesgado. Es demasiado doloroso, demasiado difícil, demasiado vulnerable. No queremos una unión porque no queremos morir al yo.

REDENCIÓN: Unidos en Cristo

En nuestra condición pecaminosa nunca podríamos haber muerto a nosotros mismos, pero por fortuna Cristo abrió un camino. Jesús nos amó

---

[1] Génesis 2:24.
[2] Génesis 1:28.

más de lo que cualquier esposo terrenal podría amarnos jamás, viviendo una vida perfecta y comprando nuestra unión con Él al precio más alto: su propia vida. Por medio de su sacrificio, Él demostró plenamente aquello de lo cual el matrimonio no es más que una sombra: el pacto de amor entre Dios y su pueblo.[3] Este amor preparó el camino para que *pudiéramos* morir a nosotras mismas. Esto sucedió una vez cuando fuimos justificadas delante del trono de Dios. Y se repite una y otra vez por medio de la santificación cada vez que nos negamos a nuestra vieja naturaleza, tomamos la cruz y lo seguimos.[4]

Gracias a la muerte de Jesús, nuestra relación rota con Dios es sanada, y somos uno en Cristo. Estar "en Cristo" son buenas noticias para nuestro matrimonio, porque como creyentes ahora compartimos la maravillosa herencia del Padre en Cristo. Esto significa que en nosotras habita el mismo amor que Él tiene, un amor más verdadero y maravilloso que cualquier cuento de hadas o comedia romántica que se hayan inventado.[5] El amor de Jesús es lo que lo motivó a ser paciente con las personas necesitadas, amable con quienes lo ofendían y benévolo con quienes no seguían sus instrucciones. Su amor impulsó su compasión por los que sufren, su ofrecimiento de gracia para los corazones llenos de pecado, y su perdón infinito cuando fue rechazado, difamado y despreciado. Su amor lo llevó hasta la muerte en la cruz por nosotras.

En Cristo, este es el mismo amor que una esposa puede tener por su esposo.

CONSUMACIÓN: Unidos para siempre

Algún día, la experiencia de nuestra unión con Cristo no va a ser opacada por el caos de esta tierra bajo maldición. Cuando Cristo nuestro Rey vuelva por nosotros, su novia, para llevarnos físicamente a su presencia, ya no tendremos que batallar con nuestros deseos pecaminosos. No vamos a experimentar el matrimonio en el cielo como lo conocemos hoy,[6] pero gozaremos del matrimonio más verdadero y excelente que existe: el matrimonio con Cristo mismo. Y allí gozaremos también, con los otros santos, la bella relación que Adán y Eva disfrutaron mutuamente antes de la caída.

---

[3] Efesios 5:23.
[4] Marcos 8:34.
[5] Romanos 8:17.
[6] Lucas 20:27-36.

Esto significa que no tendremos más peleas sin sentido a media noche acerca de cómo hacer que el bebé duerma, no más susurros airados en el auto acerca de un problema de disciplina, ni más acusaciones de "tú hiciste eso, tú no hiciste aquello, tú no entiendes". En la consumación experimentaremos relaciones, compañerismo y unión perfectos con otros creyentes, gracias al amor maravilloso y sacrificado de nuestro Esposo.

La presión por la perfección

Un día miro a mi esposo con admiración mientras conduce nuestro auto. Al día siguiente, posiblemente en el mismo auto, pienso en todas las maneras en las que podría ser un mejor esposo y padre. Tal vez acababa de escuchar un podcast sobre la crianza y no pude evitar pensar cuánto necesitaba él aprender eso. O tal vez una amiga comentó que su esposo organiza tiempos devocionales familiares en la mañana, y ahora me doy cuenta de que las lecturas de mi esposo a la hora de dormir son insuficientes.

Por otra parte, puede que haga una crítica acerca de su Biblia empolvada, o tal vez complete sus palabras de disciplina porque me pareció que fueron escasas. O quizás no diga nada mientras en silencio levanto un muro entre nosotros, ladrillo a ladrillo.

Estoy dispuesta a apostar que no soy la única que tiene una medida de lo que "debería ser un padre dedicado", una medida que yo misma he inventado, y que no es de Dios.

En el Antiguo Testamento, Dios expone parte de su plan para los padres que crían hijos y es asombrosamente sencillo. Él encarga a los padres dedicarse a sus hijos y enseñarles a amar a Dios y sus leyes.[7] Deben hacer esto con diligencia y perseverancia. Significa vivir el evangelio. No nos dice que llevar esto a cabo incluya 20 minutos de tiempo de meditación bíblica con papá en la guitarra, guiando a los niños en adoración. Simplemente dice lo que hay que hacer, sin especificaciones acerca de cómo debe hacerse. Aunque puede ser difícil ser fiel a este objetivo, somos nosotras quienes lo complicamos demasiado.

Lo hermoso acerca de Dios al crearnos como padres con personalidades, fortalezas y dones únicos es que podemos vivir nuestras diferencias al tiempo que podemos experimentar unidad en nuestra relación matrimonial. Tu esposo no tiene que mostrar su dedicación a sus hijos como lo haces tú, o como lo hace el papá de Instagram al que sigues. De hecho, Dios hizo al

---

[7] Deuteronomio 6:4-9.

EL
EVANGELIO
NOS OFRECE
UN CAMINO
MEJOR

hombre y a la mujer para mostrar una faceta única de Él, y tú y tu esposo son mejores padres juntos que solos, balanceando las fortalezas y las debilidades del otro en su esfuerzo por vivir el evangelio en su hogar.

Estas son las buenas noticias: puesto que Jesús llevó una vida perfecta en nuestro lugar, la presión que pesaba tanto sobre el esposo como la esposa ha sido quitada, y no hace falta que sean padres perfectos. Jesús nunca desperdició un momento para enseñar, nunca habló equivocadamente ni cometió un error teológico, nunca tuvo motivaciones impuras ni una actitud impaciente, y nunca le falló a las personas que confiaron en Él. Llevó una vida perfecta y, en virtud de nuestra unión con Cristo, podemos confiarle lo que tenemos para ofrecer como padres de nuestros hijos. Y si ambos son creyentes, cada uno de ustedes tiene el don del Espíritu Santo que les ayuda a crecer en la crianza, en madurez y en su comprensión del diseño de Dios para la familia.

Madre que lees este libro, Cristo ya dio la talla por ti. Ahora puedes dejar de comparar a tu esposo con los libros de crianza, las conferencias, los blogueros o el vecino de al lado. En lugar de eso, extiende a tu esposo la gracia constante y el amor que has recibido de su herencia común en Cristo, celebrando los dones únicos que posee tu esposo. Puedes tener la valentía para enfrentar las áreas en las que tu corazón está roto y desgastado en el matrimonio, confiando que Dios acercará tu familia a Él a pesar de las carencias y los fracasos humanos.

El camino de la gracia

Tal vez en este momento tu corazón está apesadumbrado. Tal vez tu esposo no es creyente, o tal vez no da evidencia alguna de que camina con el Señor. Aun si tu esposo se esfuerza por vivir fielmente el llamado de Dios para los padres, el pecado está presente, y hay caídas. Todas tenemos defectos en este lado de la eternidad. Muchas veces, nuestra primera respuesta como esposas es irrespetar a nuestros esposos, regañar, quejarnos, manipular, preocuparnos y vociferar.

En cambio, el evangelio nos ofrece un camino mejor. Sin importar en qué situación se encuentre tu relación con tu esposo, déjale ver la obra de Cristo en ti. Recuerda que cuando tú estabas muerta y atrapada en tu pecado, Jesús te amó tanto que murió por ti.[8] Extiende el mismo amor a

---

8 Romanos 5:6-8.

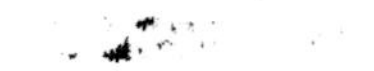

tu esposo. En vez de fijarte en todo lo que tu esposo hace mal, empieza a encontrar todo lo que hace bien. Permite que el amor de Cristo en ti sea más fuerte que cualquier malentendido, más grande que cualquier resentimiento, más contundente que tu deseo de justicia, y más grande que tu propio corazón orgulloso.

El matrimonio se siente a veces como una lija para nuestra alma, pero los bordes ásperos nos pulen y nos ayudan a ser más conformes a la imagen de Dios. En nuestro matrimonio, seamos las primeras en responder con bondad, en hablar con amabilidad, en comprender, en ser flexibles y en sacrificarnos. Si te pareces a mí, es fácil olvidar que nosotras no podemos producir la convicción del Espíritu Santo en nuestros esposos. En lugar de eso, podemos orar por ellos, pedir a Dios que intervenga y que nos dé paz y confianza en el proceso. En vez de aplastar a nuestros esposos con nuestras palabras, aplastemos los pensamientos de comparación que con tanta facilidad se cruzan por nuestra mente. En vez de enfocarnos en los defectos de nuestro esposo o de ignorarlo por completo para atender únicamente a nuestros hijos, centrémonos en nuestra propia relación con Cristo.

Madre amiga, seamos defensoras, seamos aliadas, campeonas de la unidad y las partidarias más entusiastas de nuestros esposos. Puede que el matrimonio no sea lo que nos imaginamos cuando caminábamos por el pasillo hacia el altar. Sin embargo, gracias a que Cristo nos amó primero, nosotras podemos extender su amor extraordinario a nuestros esposos, descubriendo un amor más profundo, trascendente y brillante de lo que habríamos podido anticipar.

Este capítulo habla principalmente de ofensas, angustias y tensiones que son el resultado normal del pecado en la intimidad del matrimonio. No obstante, en caso de existir maltrato (físico, emocional o sexual) o cualquier conducta ilegal o ilícita en tu matrimonio, te ruego que busques consejo e intervención profesional.

TÚ Y TU
ESPOSO SON
MEJORES
PADRES
JUNTOS
QUE SOLOS

PREGUNTAS PARA REFLEXIONAR

1. ¿Impones tus propias ideas a tu esposo de lo que debería ser un padre cristiano comprometido? ¿Cómo se compara tu medida con la de Dios?

2. Cristo nos amó tanto que entregó su vida por la nuestra. ¿De qué maneras debería el amor sacrificial de Cristo impulsar tu propio amor por tu esposo?

3. ¿Cuáles son algunas cosas que puedes cultivar en oración respecto a tu visión y a tu interacción con tu esposo?

EL EVANGELIO Y NUESTROS MOMENTOS COTIDIANOS

Emily

"¡Querida, ven, *tienes* que ver esto!". Después de guardar una camisa en un cajón, me incliné por encima de su hombro para ver lo que había encontrado en el iPad. "Mira esto". Me lo pasó con un gesto de satisfacción. Después de una temporada de investigar cómo vivir de forma sencilla, minimalista, tenía sospechas de lo que iba a ver.

En el vídeo aparecía una familia. Seis o siete hijos sonreían mientras se dirigían hacia un cuarto que habían convertido en "armario familiar". Había cajas apiladas con etiquetas a todo lo largo de la pared, cada una asignada a un hijo diferente. La mamá explicó el "sistema de paquetes" que manejaban, para mostrar cómo repartía prendas sobre el mostrador, las enrollaba como un sushi y las empacaba con gruesas bandas elásticas. Me agaché y vi la cara sonriente de mi esposo.

"Bueno, ¿qué opinas?". A él le pareció fascinante y tenía la esperanza de haber encontrado la solución para erradicar nuestras montañas de ropa.

Después de mirar el vídeo, sacamos toda la ropa de los niños e hicimos paquetes con nuestra ropa. Pasaron semanas, a lo largo de las cuales nuestra esperanza con el nuevo sistema experimentó varios altibajos. Los paquetes de ropa facilitaban la tarea de seleccionar prendas (especialmente para nuestros mellizos) y nos ayudaban a disminuir la cantidad de ropa en circulación. Pero había un problema: confeccionar paquetes de ropa aumentaba de manera considerable el tiempo dedicado a doblar. Teníamos que esperar a que toda la ropa estuviera lavada al mismo tiempo a fin de poder emparejar prendas, y pasar nuestras noches armando rollos sin parar.

También probamos otras estrategias para facilitar las tareas relacionadas con la ropa: el doblado de KonMari, los armarios de cápsula, un límite de cinco prendas por cada niño, usar pantalones y pijamas varios días seguidos, y más. Cada método prometía una nueva esperanza de eficiencia, pero también nuevos pasos laboriosos. Sin importar lo que probáramos, la realidad seguía igual: las tareas relacionadas con la ropa para una familia de siete requieren tiempo.

Nuestra historia con este asunto familiar revela un tema subyacente: una pareja que busca eludir los desencantos de la vida cotidiana. Queríamos hacer las cosas de manera organizada, no siempre para la gloria de Dios, sino para minimizar nuestra carga de trabajo ordinario y tener más tiempo para lo extraordinario. Algo que importara *realmente*. No lavar y doblar la ropa. Eso es aburrido.

El mensaje de la cultura: Lo extraordinario es mejor que lo ordinario

Como madres, a veces nos sentimos atrapadas en los aspectos menos emocionantes de la vida. Se nos ponen los pelos de punta cuando volvemos a organizar los rieles del tren de madera por enésima vez y recogemos una y otra vez zapatillas deportivas sucias. Suspiramos cuando buscamos debajo del sofá el chupete que ha vuelto a perderse, y cada hora tenemos la misma conversación acerca de límites. Esta es la esencia misma de lo ordinario: los momentos monótonos y tediosos que parecen no tener propósito. Las tareas comunes y corrientes que tienes que hacer porque eres madre y eres responsable de las personitas bajo tu techo.

Por otra parte, el mundo que nos rodea valora principalmente las ganancias visibles. No premia la fidelidad en las tareas ordinarias: mesas limpias, pañales limpios, pilas de libros favoritos. Con la carga de sobrellevar lo ordinario, nos preguntamos si deberíamos invertir mejor nuestro tiempo. Quizá si nuestros momentos fueran más interesantes y significativos, todo nuestro trabajo por fin importaría. Nos preguntamos: "¿Esto es todo o hay algo más?".

La sensación de estancamiento nos mueve a llevar cuentas de nuestros momentos ordinarios hasta que nos parece que nos merecemos algo más emocionante como unas vacaciones, una visita a la peluquería, una noche con nuestras amigas, un antojo en la tienda o descanso en el sofá. "Ya atendí a los niños y la casa, ¡ahora voy a pasar unas horas con mis amigas!". Tratamos de decir con guiños a nuestro esposo que ya es hora de una tarjeta o de un gran ramo de flores. Publicamos fotografías de nuestro día a día para ganar "me gusta" en las redes sociales. De ese modo, cuando la gente ve nuestros paquetes de ropa doblada, pueden afirmar nuestro duro trabajo.

Si no podemos acumular nuestras responsabilidades ordinarias para ganarnos algo mejor, puede que intentemos ganar control sobre ellas con estrategias más actuales y mejores. Vídeos de "vida minimalista", blogs sobre organización, episodios de podcast con buenas ideas que nos ofrecen esperanza para romper el ciclo interminable de responsabilidades propias de la vida familiar. Si no podemos eliminar lo ordinario, al menos podemos someterlo a nuestros propósitos.

Encontrar significado en lo ordinario de la vida es una meta válida, pero cuando el significado es sinónimo de aventuras, logros y premios, puede que estemos pasando por alto lo importante. Podemos intentar huir de lo ordinario y reemplazarlo por algo mejor. Podemos escoger un pasatiempo, invertir en nuevas relaciones y tratar de aprovechar al máximo nuestro tiempo para alcanzar una mayor productividad y disfrute en la vida bajo el sol. Sin embargo, a pesar de nuestros esfuerzos seguimos dudando si hemos hecho lo suficiente para que importe realmente, conforme cada novedad se vuelve algo ordinario.

Si la maternidad consiste primordialmente en momentos ordinarios que se repiten, y los momentos ordinarios no están a la altura de nuestras expectativas de cambiar el mundo, si sentimos que no podemos salir adelante y vivir una vida extraordinaria, entonces ¿para qué sirve todo nuestro esfuerzo? ¿Puede el evangelio ayudarnos a tener propósito y gozo, y ver la obra extraordinaria de Dios en medio de montañas de ropa para lavar, mecedoras, trayectos de un lado a otro, fregaderos llenos de platos y largas mañanas de juegos con nuestros hijos?

El mensaje del evangelio

CREACIÓN: El trabajo bueno y ordinario para el pueblo de Dios

En el principio, Dios quiso que su pueblo trabajara, y gran parte de su trabajo era a la vez bueno y ordinario. Desde nuestra perspectiva privilegiada, pareciera que poner nombre a los animales fuera un trabajo extraordinario, pero es muy probable que no fuera nada más que una de las tareas del día a día de Adán, la cual le fue asignada para adorar, dar propósito y procurar deleite.[1] Conforme Adán y su ayudante Eva impartían orden a la creación con bondad, cuidado y autoridad, llevaban la imagen de Dios y lo glorificaban. Había dignidad en su vida cotidiana porque su obra encontraba su origen en el mandato divino.

Como madres, seguimos reflexionando en el carácter de Dios en cada momento de este proceso de conformarnos en su semejanza. Los momentos ordinarios existieron antes de la caída, y Dios no los degradó ni anuló. Antes bien, eran buenos y valiosos para el florecimiento de la vida.

CAÍDA: Personas comunes que quieren ser como su extraordinario Dios

Lamentablemente, Eva no estaba satisfecha con la plenitud de la provisión de Dios en el Edén ni con el conocimiento y las responsabilidades que le fueron asignadas. Por el contrario, escuchó a la serpiente que la tentó a buscar lo extraordinario, a llegar a ser como Dios mismo comiendo del árbol del conocimiento del bien y del mal.[2] Ella fue el primer ser humano que quiso salirse de lo ordinario, de lo humano, de los confines del mandato divino para buscar algo más grande, más como Dios, sin límites.

Esto se revela en nuestra vida cuando nos sentimos tentadas a creer que las necesidades ordinarias de cambiar pañales, disciplinar a los hijos, alimentar a los hambrientos, contestar correos electrónicos, lavar los platos, pagar las cuentas y demás, son tareas insustanciales que no están a la altura de lo que somos. En lugar de aceptar los buenos límites y las responsabilidades que Dios nos ha dado, anhelamos tirarlos por la borda y jugar a ser Dios, delegándonos a nosotras mismas el control sobre cosas diferentes y supuestamente mejores. Al igual que Eva, queremos hacer el trabajo de Dios, especialmente si esto significa eludir los momentos menos emocionantes de la vida.

Hemos dejado de encontrar nuestra identidad en quiénes somos (portadoras de la imagen de Dios) y hemos tratado de buscarla en lo que podemos hacer (tener "ojos abiertos" y ser sabias).[3] Queremos más lujo y menos normalidad. Queremos más cenas elegantes y menos mantequilla de maní con mermelada.

Sin embargo, cuando determinamos el valor de nuestra vida comparando las circunstancias externas para ver quién está mejor escalonado y

---

[1] Génesis 2:15, 19.
[2] Génesis 3:5.
[3] Génesis 3:6.

quién tiene la vida más interesante, nunca estaremos contentas con nuestra vida cotidiana. Mientras nos enorgullezcamos en nuestra capacidad de pasar de largo lo cotidiano para poder avanzar a las partes más interesantes de la vida, estamos siguiendo las pisadas infieles de Eva.

REDENCIÓN: La vida ordinaria de Cristo y su amor extraordinario

Dios sabía que tan pronto su relación con sus criaturas quedara rota, no habría regreso a ella sin una intervención inverosímil. La vida de Jesús fue una combinación paradójica de lo ordinario y lo extraordinario. Él llegó al mundo por medio del fenómeno cotidiano del nacimiento mediante un proceso milagroso que tuvo lugar en el vientre de una virgen.[4] Él vivió una infancia ordinaria en la que trabajó, comió, jugó y aprendió, tan normal que prácticamente nada se cuenta de ella, aunque sabemos que fue sin pecado.[5]

Antes de su ministerio público, Jesús dedicó más de una década a un oficio cualquiera. En su ministerio público siguió llevando a cabo tareas ordinarias, como pasar tiempo con sus discípulos, comer con otras personas, enseñar diariamente y viajar. Pero, aunque tuvo momentos ordinarios en la vida, los vivió de manera extraordinaria, como solo el Dios encarnado podía hacerlo. Llevó a cabo milagros, perdonó pecados, calmó tormentas, sanó enfermos y resucitó muertos.

Su tarea más extraordinaria culminó cuando Dios obró la salvación del mundo por medio de la crucifixión, una sentencia de muerte que padecían los criminales comunes. Dios obra tanto en lo desagradable como en lo ordinario para traer vida nueva y redención, y para cumplir su plan soberano; y esto también es cierto para los que tienen el Espíritu Santo morando en su interior.

Con la ayuda del Espíritu Santo, ahora podemos replantear, apreciar y utilizar nuestros momentos más ordinarios como medios de la gracia para otros y para nosotras mismas. No siempre sabemos la manera en la que Dios obra, pero confiamos en Él sin ver porque creemos que Él lleva a cabo su buena voluntad aun cuando a los ojos humanos parece ordinario.[6] Su plan redentor se ha desplegado a lo largo de milenios por medio de personas comunes cuyos momentos ordinarios confluyeron en victoria sobre la muerte cuando Jesús salió del sepulcro. Él es quien realmente juega un papel extraordinario en la historia.

---

[4] Mateo 1:23.
[5] 2 Corintios 5:21.
[6] Hebreos 11:1.

CONSUMACIÓN: La obra ordinaria hecha nueva

Aunque no tenemos todos los detalles, las Escrituras nos dicen que Dios hará todas las cosas nuevas. Como Adán y Eva en el Edén, haremos obras buenas y con propósito, incluso ordinarias, para la gloria de Dios. Dejaremos de clasificarlas como más o menos interesantes conforme a nuestro orgullo, y en lugar de eso coronaremos a Jesús con muchas coronas.[7] Todos los momentos de nuestra vida, tanto ordinarios como extraordinarios, serán motivo para postrarnos delante del Cordero en el trono, para adorar su dignidad en todas las cosas.

Nunca sabes lo que Dios está haciendo

La trama bíblica muestra que las personas ordinarias no siempre sabían cuándo usaba Dios sus momentos cotidianos, sus vocaciones comunes, sus relaciones del día a día, sus interacciones fieles y sus continuas oraciones para sus planes y propósitos más grandes.

En el relato del Éxodo, las parteras Sifra y Fúa fueron muy valientes cuando engañaron al faraón y salvaron a los bebés hebreos en el transcurso de su trabajo cotidiano.[8] Gracias a su fidelidad en los momentos cotidianos, ordinarios y tediosos, apoyando a las mujeres cuando daban a luz, trayendo bebés al mundo y ayudándoles a amamantar y sobrevivir, Dios frustró los planes de faraón de exterminar una generación.

Aunque María experimentó una concepción milagrosa por el Espíritu Santo y fue la madre del Hijo de Dios, muchos días de su maternidad los pasó probablemente embarazada con otros hijos, amamantando, preparando comida para su familia, enseñando e instruyendo niños, recogiendo agua, y demás. Dios puso a su Hijo extraordinario, el Redentor del mundo, en un hogar ordinario.

La realidad es que la mayoría de los testigos en la Biblia tuvieron vidas comunes y corrientes. La gente de fe y su trabajo cotidiano quedaron indocumentados mientras Dios mostraba su bondad y su gloria por medio de sus vidas. Esto debería animarnos.

Cuando estoy meciendo a un bebé para que se duerma, y ya van mil noches haciendo lo mismo, puedo tener fe en que Dios puede usar ese momento cotidiano para llevar a cabo su voluntad para nuestras vidas. Cuando estoy

---

[7] Apocalipsis 19:12.
[8] Éxodo 1:15-16.

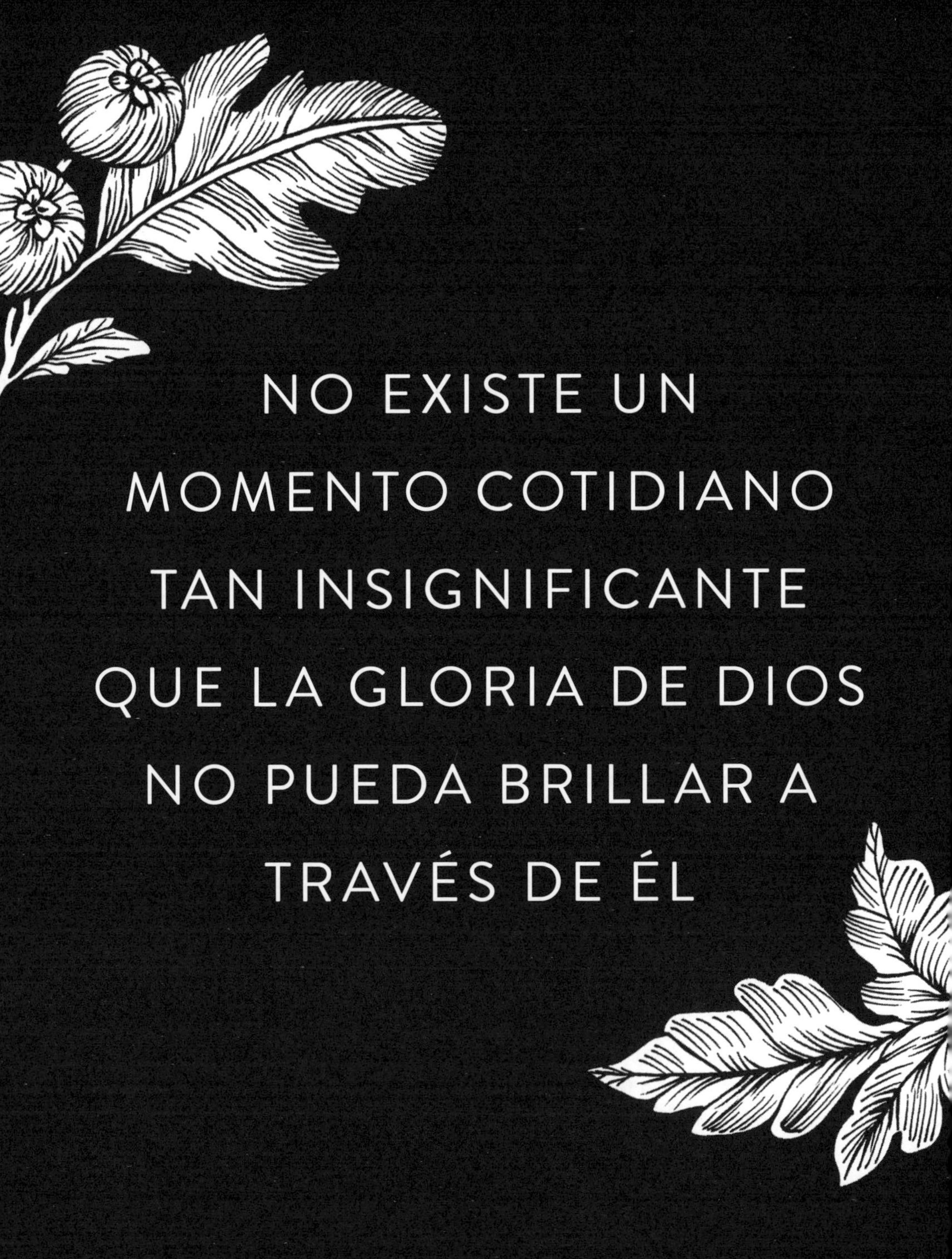
NO EXISTE UN
MOMENTO COTIDIANO
TAN INSIGNIFICANTE
QUE LA GLORIA DE DIOS
NO PUEDA BRILLAR A
TRAVÉS DE ÉL

hablando con mis hijos en la mesa a la hora del desayuno mientras alguien añade demasiado jarabe sobre sus gofres, puedo tener fe en que esas conversaciones siembran semillas que no puedo ver. Cuando enrollo paquetes de ropa, traigo a casa los alimentos de toda la semana, guardo los juguetes en la canasta de la sala y limpio la mesa por enésima vez, puedo recordar que reflejo la imagen de Dios al traer orden a mi pequeño rincón de su creación. No siempre entiendo cómo esa imagen comunica el carácter de Dios a quienes me rodean, pero confío en que así es.

Confío en que no existe un momento cotidiano tan insignificante que la gloria de Dios no pueda brillar a través de él.

La vida cotidiana en Cristo

Esa parte de nuestro ser que quiere lograr algo extraordinario y ser "como Dios" todavía está presente. La parte de nuestro corazón que anhela algo más que montañas de ropa por arreglar, sentarse en el auto esperando a la salida de la escuela y lidiar con los mismos problemas con los mismos colegas de siempre, todavía arde.

A menudo busco respuestas a esos anhelos manipulando mi vida para que sea más novedosa y emocionante, menos normal y monótona. Miro las publicaciones sin fin de las redes sociales en mi portátil, con la esperanza de ver algo interesante que pueda añadir a mi propia vida. Trato de hacer más interesante la limpieza de los platos escuchando podcasts mientras lavo. Ser productiva con mi tiempo está bien, pero mi anhelo más profundo de gloria y de propósito descansa en Cristo.

Amiga que eres mamá, en virtud de nuestra unión con Cristo, nuestra identidad *es* extraordinaria y nuestro llamado *es* magnífico. Recuerda que somos parte de una historia épica que se dirige hacia un final glorioso. En realidad, nosotras no somos tan especiales, pero Cristo en nosotras es espectacular. Él es nuestra esperanza de gloria.[9] Podemos hacer toda clase de cosas extraordinarias con una nueva naturaleza que Él compró y proveyó por medio del Espíritu Santo.

Puede ser rutinaria la labor de doblar ropa limpia, pero es extraordinario realizarla con paciencia, gozo y un corazón de amor. Puede ser la tediosa tarea de sentarse en el sofá y leer otro libro a un niño de cuatro años que lloriquea, pero es extraordinario manifestar amabilidad y misericordia a un

---

9 Colosenses 1:27.

pecador que no lo merece. Puede ser la tarea repetitiva de llenar de víveres el refrigerador, pero es extraordinario alabar a Dios por su provisión. Nuestros momentos cotidianos pueden ser ordinarios, pero cuando los llevamos a cabo manifestando el fruto del Espíritu, reflejan a nuestro Salvador extraordinario.[10]

De manera que las montañas de ropa seguirán llegando, y estoy segura de que mi esposo seguirá tratando de encontrar maneras de hacer el proceso más ordenado y eficiente. Con todo, podemos buscar la excelencia en nuestros momentos cotidianos y secretos, sabiendo que "vivir es Cristo".[11] Incluso doblar la ropa es "de él, y por él, y para él".[12] Y eso nada tiene de ordinario.

PREGUNTAS PARA REFLEXIONAR

1. ¿Cuál es una de tus tareas cotidianas como madre que menos te gusta? ¿Cómo describirías la manera como te hace sentir y por qué te hace sentir así?

2. ¿Cómo se identifica Jesús contigo en esa actividad rutinaria y cómo le imprime un nuevo propósito tu papel en la historia redentora de Dios?

3. ¿Cómo manifestarás hoy o esta semana el carácter de Dios a quienes te rodean mientras realizas tus labores cotidianas?

---

[10] Gálatas 5:22-23.
[11] Filipenses 1:21.
[12] Romanos 11:36.

◆ **8**

EL EVANGELIO Y NUESTROS PARTOS

Laura

Estaba en la mitad de mi primer embarazo cuando sentí el instinto de preparar el nacimiento. No tanto el de prepararme para el bebé como tal, sino la preparación para el parto. Había leído en la Internet historias de partos, y sentí deseos de planear y preparar mi propio parto soñado.

Compré los libros de mayor venta en Amazon acerca de partos, entrevisté a algunas parteras que encontré en la Internet, organicé una visita a un centro médico especializado que tenía una de las tasas más bajas de cesáreas en el estado, y mi esposo y yo nos inscribimos a una clase de preparación para el parto en nuestra localidad, conforme a la recomendación de una amiga que nos aseguró que lo que había aprendido allí le había ayudado a tener "el parto natural perfecto". Para cuando ya tenía 32 semanas de embarazo, tenía un plan de dos páginas para el nacimiento que incluía luz tenue, una lista de reproducción de música relajante, una larga lista de técnicas de relajación predilectas, e incluso el tipo de suero que prefería (un tubo heparinizado, en caso de que quieras saber).

"Yo creo que puedo con esto, querido. El parto natural está a mi alcance si lo quiero. ¡Las mujeres son guerreras! ¡Nuestros cuerpos están hechos para esto!". Yo repetía frases como estas a mi esposo cada dos semanas, a medida que procesaba verbalmente la manera como me imaginaba la llegada de nuestro primer hijo. Mi esposo fue un guerrero, apoyándome en mis esperanzas de tener un parto natural (aunque no entendía completamente todo

87

mi celo). Sin embargo, también me recordaba: "En realidad no sabemos cómo va a suceder todo, ¿no es así? Estamos hablando de una nueva vida que llega al mundo, y eso va a ser impredecible, ¿no crees?".

"Sí, claro", era más o menos mi respuesta. No obstante, en el fondo yo no estaba tan segura. A menos que fuera un parto superrápido, yo tenía un plan. Los médicos y los hospitales iban a escucharme, y yo quería lo mejor para mi bebé y para mí, ¿acaso no bastaba eso para tener el parto que yo quería?

A las 39 semanas empezaron mis dolores. Treinta y seis horas después, tenía en mis brazos a un bebé saludable de 3.200 gramos. A pesar de eso, yo estaba, en una cama, agotada, derrotada y decepcionada. Junto a mi cama, en el piso, había una copia de mi plan detallado para el nacimiento de mi bebé, arrugada y abandonada, igual que mi parto soñado. En vez del gozo sobrecogedor por la nueva vida que sostenía en mis brazos, me sentía furiosa, y lágrimas amargas corrían por mis mejillas. Mi hijo me parecía extraño en mis brazos, y yo me sentía incómoda y molesta, con ganas de devolvérselo a mi esposo.

En las semanas y meses siguientes las preguntas acechaban mi mente: "¿Qué salió mal con mi plan? ¿Pude haber hecho algo diferente? ¿Tenía que terminar así? ¿Por qué mi historia de parto resultó ser tan mala?".

El mensaje de la cultura: La perfección es posible

Desde una edad temprana, a las mujeres se las educa muchas veces con la esperanza de que algún día serán mamás y tendrán sus propios hijos. Como mujeres, aprenden poco a poco acerca de cómo funciona esto. Las amigas cercanas describen cómo se sienten las contracciones a medida que incrementan en intensidad, las hermanas revelan los horrores de la anestesia epidural, pero intentan convencernos de que es mágica, y encontramos más historias de partos en la Internet que relatan cada detalle (con palabras *y* con imágenes) de la experiencia de dar a luz. Las búsquedas en línea explican lo que debes empacar en tu maleta de hospital, cómo hacer un plan para el nacimiento, y qué canciones son más relajantes para cada transición. Las fórmulas y consejos para lograr el parto perfecto (sea lo que sea que signifique "perfecto" para ti) son un pozo sin fondo. En especial, cuando una mujer va a dar a luz por primera vez, se dedica a recolectar y organizar estas historias y consejos, y los atesora como una redención protectora que asegura el parto de sus sueños.

En nuestros días, la historia del pacto perfecto es la obsesión de todas las madres. Si leemos los libros correctos, si practicamos los métodos indicados, y tenemos suficiente energía y fuerza de voluntad, tenemos el poder para manipular uno de los momentos más vulnerables e indignos de nuestra vida, ajustándolo a nuestros deseos en una muestra de fortaleza y control personales. Nuestra inclinación natural hacia el orgullo nos dice que, si logramos una historia perfecta de dar a luz, podemos pavonearnos por doquier y exhibirla como una medalla de honor. Intercambiar historias de nacimientos en una cena de amigas, por ejemplo. Asegúrate de mencionar que sucedió tal como lo habías planeado. Los méritos que el mundo asigna al hecho de compartir nuestras historias de partos perfectamente controlados y planeados al milímetro resultan atractivos. ¿Quién no quiere parecer una heroína?

Las experiencias de algunas mujeres, en efecto, coinciden con sus planes. Sin embargo, para muchas mujeres, sin importar cuánta fuerza de voluntad hayan invertido en la sala de partos, su historia resultó contraria a todo lo que habían planeado. Es doloroso llegar a nuestro límite y ver nuestros fracasos. En vez de sentirnos como heroínas, nos sentimos como un cero, así que ¿por qué no actuar más bien como si no nos importara?

Así que encubrimos nuestra decepción y abatimiento por cierto tipo de nacimiento tomándolo a la ligera: "En realidad no nos importa mucho. ¡Riámonos!". En las redes sociales publicamos fotografías del caos y las vergüenzas del nacimiento con textos cómicos, para contar a nuestras amigas y familias con cruda franqueza y bromas cómo nadie nos acompañó y no sabíamos qué hacer, cómo rompimos fuente en público o cómo nuestro esposo casi se desmaya por toda la sangre que vio en la sala de partos. Encubrimos nuestro dolor, sufrimiento y penas con humor y ligereza, convirtiendo una experiencia íntima y sensible en una comedia para el entretenimiento social.

Cada nuevo nacimiento de otro hijo se vuelve una nueva oportunidad para probar lo que vales, una oportunidad para mostrar que aquella vez anterior no fue casualidad, que verdaderamente eres una diosa-guerrera, o que esta vez el perdedor al fin gana.

Si no, bueno, al menos se espera que se convierta en una anécdota graciosa.

Sin importar cómo resulte el dar a luz, todas las mujeres coinciden en que el nacimiento es difícil. Es impredecible. Es doloroso. La maldición que cayó sobre Eva sigue viva y activa en cada mujer que camina sobre la tierra, y es el gran factor nivelador del sexo femenino. Saca a la luz la verdad de nuestra condición humana: somos indefensas y necesitamos un Salvador.

Para prepararse y entender el nacimiento es importante ser un buen mayordomo de nuestros cuerpos y de nuestros bebés, pero no somos diosas con un control ilimitado sobre nuestra historia, y tampoco somos inmunes al dolor y a la dificultad de un parto que no resulta conforme a lo planeado.

Así que debemos tomar nuestros planes e historias de nacimiento, sin importar cómo resulten al final, y entregarlos a los pies de la cruz. Debemos confiar en que nuestras esperanzas y sueños de tener un parto perfecto se enmarcan dentro de un plan y una historia más amplios: la redención no solo de nuestro parto, sino de la creación entera.

El mensaje del evangelio

CREACIÓN: Sean fructíferos y multiplíquense

"Sean fructíferos y multiplíquense".[1] Ese fue el encargo de Dios para Adán y Eva en el huerto poco después de haberlos creado. Allí los bendijo, dándoles instrucciones para la vida, que incluían el mandato de engendrar hijos. Sin la caída, el parto y el alumbramiento no habrían sido plagados de dolor y debilidad como los experimentamos hoy. Las historias de nacimientos habrían ganado toda la admiración en una "fiesta prenatal" y habrían sido más deseables que la experiencia más perfecta de parto que oímos en la actualidad.

CAÍDA: El aguijón de la maldición

"Multiplicaré tus dolores en el parto, y darás a luz a tus hijos con dolor".[2] Cuando Adán y Eva desobedecieron a Dios y comieron del fruto prohibido en el huerto, una maldición general cayó sobre el hombre y la mujer por su pecado, y una maldición específica sobre las mujeres y su experiencia de dar a luz. Desde entonces, "fructifiquen y multiplíquense" no significa solo el gran gozo de tener hijos. Ahora es una frase que denota dolor intenso, esfuerzo y sufrimiento.

Durante siglos, las mujeres han sentido profundamente el peso de la maldición en lo concerniente a tener hijos. En lugares sin medicina moderna, el parto sigue siendo una causa principal de muerte en las mujeres. Incluso hoy, a pesar de que existen rumores acerca de partos sin medicamentos, partos sin

---

[1] Génesis 1:28 (NVI).
[2] Génesis 3:16 (NVI).

dolor, la realidad es que por lo general incluye momentos de dolor intenso, gran debilidad y toma de consciencia de nuestra incapacidad. Ahora salimos de la sala de parto con suturas, cicatrices, moretones y heridas. A muchas nos asombra la manera como se escribió nuestra historia. En las historias de nacimiento más dolorosas, la maldición del pecado y la muerte impide que algunas mujeres conozcan siquiera a sus hijos o solo les permite disfrutarlos por un breve tiempo. Y, lamentablemente, algunas mujeres nunca tienen la oportunidad de experimentar un parto y dar a luz.

Después de la caída, la maternidad entera se forja con miedo, esfuerzo y sacrificio. El dolor de engendrar hijos empieza el día de la concepción y continúa no solo en el nacimiento sino más allá, a lo largo de los años de la primera infancia, los años escolares, los días de graduación y toda la vida. No solo padecemos dolor físico y adversidad, sino que también tenemos un corazón rebelde que busca continuamente el control, la estabilidad y la seguridad en cualquier cosa menos en Dios. En el caso particular del parto, tenemos la mentalidad de consolarnos y escapar de la maldición en nuestro cuerpo sin pensar en nuestra necesidad de escapar de la maldición más grande en nuestra alma. Esperamos redimir nuestras experiencias de parto en vez de confiar en nuestro verdadero Redentor.

REDENCIÓN: Un nacimiento liberador

Lo asombroso es que fue precisamente a través de aquello mismo que es evidencia de nuestra maldición, que Dios envió a nuestro Salvador que vendría a librarnos. Siendo apenas una jovencita, sola y rechazada por su sociedad, sin saber dónde ni cómo podía ella tener a su bebé hasta el día que empezó su trabajo de parto, María dio a luz a nuestro Redentor entre animales, tierra y paja. No fue un centro médico. No hubo una tina de agua caliente ni aromaterapia, y dudo que José supiera lo que es la contrapresión. Con todo, fue a través de una historia de nacimiento en una pequeña aldea de Israel que Dios continuó escribiendo su gran historia, enviando a nuestro Redentor como un bebé que al final soportaría el peso completo de la maldición en la cruz, llevando nuestra vergüenza, sufrimiento y trauma, y reemplazándolo con esperanza, paz y gracia.

Jesús vino por medio de la maldición para romper la maldición.

Gracias a que Cristo soportó el peso de la maldición, nuestra esperanza no depende de un plan de parto milimétrico, nuestra confianza no depende de que nuestro cuerpo "haga lo que sabe hacer", ni nuestra identidad de una experiencia de nacimiento positiva. Gracias al sacrificio de Cristo, depositamos nuestra confianza solo en Dios. Él es el Creador de la vida y el único que puede librarnos verdaderamente cuando damos a luz o nos recuperamos de un parto que no sucedió como se había planeado.

En estos días de medicina moderna, las misericordias de Dios abundan: hospitales y médicos, asistentes de parto y accesorios para facilitar el proceso, calefacción y aire acondicionado, máquinas para realizar ecografías, epidurales, intervención médica a todo nivel… la lista sigue. Estas son cosas que Dios no tiene que darnos, pero que en su amor nos ofrece de todos modos.

CONSUMACIÓN: El fin de nuestro gemir

Cuando nuestro Redentor vuelva, ya no vamos a experimentar dolor para dar a luz. En aquel día, la maldición quedará revocada por completo, toda herida sanará, los muertos resucitarán y estaremos unidas con nuestro Salvador. Hoy, nuestro gemir exterior por la redención que experimentamos en el alumbramiento refleja el gemir interior de nuestros corazones por la verdadera redención que vendrá con el regreso de nuestro Salvador.[3] En medio de nuestra necesidad por controlar nuestros planes de parto, las dificultades y el alumbramiento, y los sentimientos de decepción y orgullo, podemos tener esperanza, sabiendo que nuestras experiencias de nacimiento de nuestros hijos no son la última palabra de Dios para nosotras.

La esperanza única en la historia del evangelio

Tal vez tú no hayas tenido todavía la experiencia de dar a luz, o puede que hayas tenido múltiples experiencias, todas con diferentes historias y resultados. Sin embargo, cualquiera que sea tu experiencia, creo que muchas de nosotras sentimos la inclinación natural a planear el nacimiento de nuestros hijos. Ya sea el ingreso al hospital, saber simplemente si quieres pedir la anestesia epidural desde el principio o si deseas tener un parto en casa con pasos detallados para que sea lo más natural posible, es normal tratar de prepararse y planear con anticipación un evento tan trascendental en tu vida.

Por supuesto, es sabio conocer y entender el proceso del nacimiento y tus opciones médicas, pero hay una diferencia entre estar equipado para tomar buenas decisiones y la necesidad de controlar cada instante, y luego sentirse desolada cuando no sucede como querías. Antes del nacimiento de

---

3 Romanos 8:23-24.

JESÚS VINO POR MEDIO DE LA MALDICIÓN PARA ROMPER LA MALDICIÓN mi primer hijo, tenía miedo de lo desconocido y me enorgullecía de mis capacidades. En esencia, no confiaba en que Dios me cuidara. Adoraba el control y la perfección conforme al mundo, lo creado antes que al Creador.[4] Si estás haciendo esto como yo lo hice, es fácil terminar en dos posiciones: orgullo o desesperanza. Orgullo y adoración de ti misma por tus propias capacidades si tu historia resultó como tu plan perfecto, o desesperanza y fracaso si todo salió mal.

Para una madre, el alumbramiento constituye una imagen personal e íntima del evangelio.[5] Nuestra respuesta frente a nuestras historias de cómo dimos a luz a nuestros hijos revela cuánto necesitamos liberarnos de una necesidad más profunda y verdadera: nuestro yo débil y pecaminoso. Dios usa la maternidad para santificarnos, al señalarnos de manera precisa y dolorosa cuán débiles somos realmente.[6] Nos recuerda que no tenemos el control y que no somos autosuficientes. En realidad, no somos diosas.

Si bien la historia del nacimiento de nuestros hijos es impredecible, nuestro Dios no lo es. Desde antes del principio de los tiempos, nuestro Dios planeó una historia perfecta de redención para su pueblo. Él lo ha desarrollado fielmente durante milenios, y todo ha ocurrido con precisión conforme a su plan. Nosotros vivimos en la historia, todavía con pecado, necesidades, debilidad e imperfección, pero podemos confiar en nuestro Dios perfecto. Él promete perfeccionar su plan y librarnos finalmente de nuestro pecado, uniéndonos para siempre con Él.

Conscientes de esto, nosotras no buscamos nuestra esperanza en la historia perfecta de nacimiento, sino en nuestro Salvador perfecto. Jesucristo, en su necesidad más profunda y en la hora más oscura, cuando se encontraba más débil y frágil, confió en el plan de Dios, hasta el punto de estar dispuesto a morir.

Dios escribe la única historia perfecta

Cuando planees o medites en el nacimiento de tu hijo, recuerda que Dios es el dador de la vida. Él escribe la única historia perfecta. En nuestras experiencias de parto, Dios merece toda la alabanza. En medio de las

---

[4] Romanos 1:25.

[5] Mi comprensión acerca de cómo el alumbramiento refleja el evangelio la debo en gran medida a los escritos de Gloria Furman. Recomiendo sus libros *Treasuring Christ When Your Hands Are Full* y *Missional Motherhood* que hablan acerca de la maternidad.

[6] Romanos 8:22-23.

decisiones, elecciones, fracasos y logros, podemos tener un cimiento firme e inamovible que se construye sobre nuestro Dios fiel y su historia perfecta y completa para nuestras vidas. Él nunca nos abandona ni nos deja a nuestra suerte, sino que siempre acude en nuestra ayuda. Es una misericordia que la debilidad del parto y el alumbramiento derribe las barreras que levantamos y nos provea más lo que necesitamos realmente: Dios mismo.

Planeemos y asumamos nuestros partos de tal manera que sea una adoración a Dios, no a nosotras mismas. En todo, confía en Dios y dale gracias por todo lo que Él ha hecho y seguirá haciendo. Cuando tengas hijos, considera tu nueva vida en Cristo y tu gratitud como parte de su historia que es más grande, mejor y completamente perfecta.

PREGUNTAS PARA REFLEXIONAR

1. Mientras reflexionas o te preparas para el nacimiento de un hijo, ¿cuáles son tus expectativas? A la luz de la realidad de la caída, ¿son demasiado idealizadas?

2. ¿De qué maneras el proceso de dar a luz refleja tu mayor necesidad interior y tus debilidades? ¿Qué esperanza te ofrece el evangelio?

3. ¿Qué misericordias puedes encontrar en el parto y el alumbramiento, y cómo pueden motivarte a adorar?

◆ **9** ◆

EL EVANGELIO Y NUESTRA IMAGEN CORPORAL POSTPARTO

Emily

Antes de hacer clic para publicar en Instagram, dudé. Menos de dos semanas después de dar a luz a nuestro quinto hijo, me sentí insegura acerca de mi figura postparto. El puñado de fotografías felices que había tomado del cumpleaños de mi hijo de dos años no cumplían con mis expectativas. En vez de parecer una joven madre con una apariencia fresca, me vi más pesada y cansada de lo que me atrevía a mostrar.

A lo largo de los últimos seis años y cuatro embarazos, me he sentido orgullosa cuando he perdido peso rápidamente, envidiosa cuando mis amigas lo han logrado en menos tiempo, y avergonzada cuando no pude mantener mi vientre plano. Con estos antecedentes, preferí mantener en privado esos recuerdos de la fiesta de cumpleaños. La parte de mi corazón que deseaba mi propia gloria se afanaba en que la foto no revelara los efectos de la crianza en mi cuerpo, como un testimonio de lo común y de lo humana que yo era realmente. Más desconcertante aún para mi corazón pecaminoso fue inquietarme porque esas fotografías desvirtuaran mi afirmación de belleza exterior, algo con lo cual me encantaba identificarme.

A medida que esas preocupaciones invadían mi corazón, la voz de la verdad resonó con mayor fuerza. Me aconsejé a mí misma con esa voz y me repetí la narrativa del evangelio. Me recordé a mí misma que Dios no me pedía lucir como si nunca hubiera tenido un bebé, que mi valor no dependía de la talla de mis jeans, y que lo que pensaran de mí los demás no me definía. Soy justificada por completo delante del trono por la gracia y por medio de la fe. Recordé que yo no soy el centro de esta vida, lo cual me hace libre para verme como me veo en vez de quedar atrapada en el orgullo o la desesperanza.

Con esto en mente, al fin decidí publicar. En esta ocasión, en lugar de angustiarme por mi figura postparto, quería creer las buenas nuevas acerca de mi posición en Cristo y gozarme en esta etapa de la vida. ¿He acabado con esta batalla mental? No, tal vez no. Sin embargo, me llenan de alegría los días en los que la verdad aplasta las mentiras.

El mensaje de la cultura: Elimina toda evidencia de maternidad

No soy la única que batalla con esta clase de pensamiento defectuoso y dañino, sino que es una tendencia cultural que vemos en todas partes. En la era de las celebridades y las mamás supermodelos, verse como una mamá normal es algo que produce vergüenza. Envejecer y aumentar de peso son de alguna manera temas tabú y son realidades que deben contrarrestarse con sueros antiarrugas, entrenadores personales y dietas especiales que te hagan lucir mejor que cuando tenías 21 años. No solo parece vergonzoso lucir tu figura postparto, sino que todo el mundo alaba que parezcas como si nunca hubieras tenido un bebé. Un blog de chismes presume con un titular: "¡Más delgada que antes del bebé!", con una fotografía de una celebridad en la alfombra roja, meses después de dar a luz. La mamá normal se pregunta: "¿Cómo es posible? ¿Qué le pasa a mi cuerpo?".

Y esto no solo sucede "allá afuera", sino también en nuestro entorno inmediato. En las tardes de juegos de los niños, las conversaciones de las mamás giran en torno a su cuerpo de ocho semanas posparto (con un estómago *casi* imperceptible), lo cual nos hace sentir molestas y envidiosas. Intercambiamos secretos y consejos, preguntándonos si quizá la lactancia o las mallas con refuerzo en el abdomen son la clave. En el sofá, nuestros hijos dan golpecitos a nuestro estómago y preguntan si vamos a tener otro bebé (mientras el único bebé toma una siesta en el cuarto contiguo). No podemos evitar hacernos preguntas acerca de nuestro cuerpo. Incluso nos preocupamos en la intimidad de la habitación con nuestro esposo. "Apaga las luces, querido".

Además, nuestra cultura pasa lentamente de la preocupación por la cifra que arroja la balanza a la adoración del estilo saludable. Puede parecer que quienes no hayan adoptado un régimen de ejercicio posparto para lograr músculos más definidos y una figura esbelta, no se valoran a sí mismas ni a sus hijos. Todos estos mensajes vienen envueltos con un lazo y una etiqueta que dicen: "No hay excusas. ¡Cualquier madre puede hacer esto!".

Como mayordomas de un cuerpo creado para servir al Señor, definitivamente debemos cuidar nuestra salud. Sin embargo, a veces la cultura grita: "Debería darte vergüenza. No solo no estás en forma, sino que resulta evidente que como madre no te importan tus hijos lo suficiente para ser ejemplo de un estilo de vida saludable". Para una mamá promedio (ya sea biológica o por adopción, lo cual también exige sacrificios), estar por debajo de una recuperación inmediata de la salud y la figura previa al parto puede percibirse como un fracaso rotundo, aun cuando sirves fielmente a tu familia, eres activa y comes verduras.

El mensaje del evangelio

CREACIÓN: Creadas para dar vida

Retrocedamos un momento porque el diseño original de Dios nos ayuda a entender lo que Él piensa realmente de la capacidad de una mujer para engendrar hijos y del papel que juega su cuerpo en ese proceso.

En el huerto, Dios creó a Adán y a Eva a su semejanza y sin error.[1] Aunque el cuerpo de Eva estaba bellamente diseñado, su identidad no se basaba en su apariencia. En lugar de eso, su belleza tenía como propósito glorificar a Dios en su trabajo conjunto con Adán para llevar a cabo el mandato divino de fructificar, multiplicarse y sojuzgar la tierra. Dar a luz hijos era parte del buen diseño original de Dios.[2]

CAÍDA: Marcadas por la maldición

Por desgracia, nosotras no podremos experimentar el don maravilloso de un cuerpo que funciona a la perfección para tener hijos. En lugar de eso, el pecado entró en escena cuando Eva dudó de la bondad de Dios y desobedeció su mandato claro en el huerto. El pecado trajo la maldición, que no solo produjo el dolor y el sufrimiento al dar a luz, sino que también creó una ruptura en la creación entera. A raíz de esto, las mujeres queda-

---

[1] Génesis 1:26-27.
[2] Génesis 1:28.

ron sujetas a las realidades del aborto espontáneo, la esterilidad, la muerte materna, estrías profundas, problemas con la pérdida y el aumento de peso, venas varicosas, el dolor pélvico y de espalda crónicos, el dolor en los ligamentos redondos, las manchas en la piel, las ojeras, las arrugas y demás.

A partir de ese momento, el acto de dar vida ya no iba a parecer ni a sentirse como una sencilla experiencia de dar vida. Iba a tener un costo e iba a requerir sufrimiento.

Sin importar cómo una mujer se convierta en madre, ya sea biológicamente o por medio del cuidado tutelar o adopción, su cuerpo paga un precio. Su tiempo se vuelve limitado, su sueño se reduce, su cerebro se satura de necesidades ajenas. El tiempo libre disminuye cuando la madre debe preocuparse por lo que sus hijos van a comer antes de pensar en su propia comida. Sin embargo, en vez de reconocer las limitaciones de una madre y de confiar en los buenos propósitos de Dios para ellas, a menudo perpetuamos la adoración de las apariencias externas. En vez de anhelar una palabra acerca de la obra de Dios en nuestro carácter y compromiso, ansiamos que la gente diga: "¡Te ves como si nunca hubieras tenido un bebé!". Queremos ser las madres que no tuvieron que renunciar a nada para crear vida. Queremos que no nos cueste nada.

REDENCIÓN: Identificadas con una persona, no con un tipo de cuerpo

Lo cierto es que dar vida no sale gratis. Dios conocía las profundidades de nuestra capacidad de adorarnos a nosotras mismas, de modo que Él mismo abrió un camino para nuestra redención. No se trataba de un toque de maquillaje para ocultar pecados, ni una cura para nuestros cuerpos posparto con "defectos" en esta vida, sino que envió a su Hijo a pagar el precio más alto por nuestra vida eterna. Él nos restaura espiritualmente para sus propósitos.

Jesús definitivamente entiende lo que significa tener cicatrices, sufrir presión al máximo y quedar con marcas de por vida, e incluso el derramamiento de sangre para poder dar vida a otros.[3] Y después de resucitar de los muertos, Él mostró esas cicatrices a muchas personas, como testimonio de la obra de Dios a través de la obediencia. Cuando nosotras confiamos en su muerte a nuestro favor, creemos que morimos esa muerte con Él y somos resucitados para vivir una nueva vida en el Espíritu.[4] Esto significa que no

---

[3] Isaías 52:14.
[4] Romanos 6:4.

DAR
VIDA
NO
SALE
GRATIS

vivimos en función de una apariencia determinada en esta vida. Antes bien, buscamos a una persona que nos ama profundamente y que nos confiere un valor inmensurable e inmutable. Lo único que nos hará verdaderamente felices no es una talla menos de pantalones ni unos abdominales marcados después de tener un bebé, sino Cristo mismo.

¿Significa esto que no nos importa lo que suceda con nuestro cuerpo? ¿Que lo tratamos mal, hacemos lo que nos place, creyendo que no importa lo que hagamos con él? ¡Por supuesto que no! Fuimos compradas con un sacrificio muy grande, y las cicatrices mismas que Cristo lleva en su cuerpo nos recuerdan que no somos dueñas de nuestra vida, sino que estamos llamadas a dar testimonio de la gloria de Dios. Somos hechura suya en Cristo, creadas para buenas obras.[5] Incluso nuestras cicatrices corporales de la maternidad son una sombra de la gracia costosa de Dios.

CONSUMACIÓN: Nuestro cuerpo y la mayordomía del evangelio

En esta vida cada una de nosotras glorificará a Dios de manera diferente, pero sin importar cómo sea, debemos recordar la naturaleza pasajera de nuestra apariencia física. En última instancia, el cuerpo que esperamos tener es el que será resucitado con Cristo cuando Él regrese y seamos como Él.[6] No tenemos que tener el cuerpo perfecto ahora. Sabemos que este tiempo es breve y que tendremos un cuerpo perfectamente restaurado por la eternidad.

Dios no se avergüenza de tu figura postparto

Así como yo tuve que aconsejarme a mí misma con la verdad antes de publicar en Instagram una fotografía después de haber tenido a mi bebé, es importante recordar esta frase: "Dios no se avergüenza de mi figura postparto".

¿Cómo lo sé? Para empezar, Él no pasa demasiado tiempo en las Escrituras hablando acerca de cómo debo lucir físicamente. En lugar de eso, Él dedica gran parte de la Biblia a subrayar las actitudes y las motivaciones del corazón. Si bien estamos ocupadas juzgando y evaluando quién es una mejor mamá según su figura postparto o quién tiene más equilibrio y organización personal según las apariencias, Dios mira el corazón. A Él le preocupa otro tipo de belleza. De hecho, Jesús ni siquiera era físicamente atractivo según los parámetros de su cultura.[7]

---

[5] Efesios 2:10.
[6] Filipenses 3:20-21.
[7] Isaías 53:2.

A Dios le importan asuntos como la pereza, la glotonería, la idolatría, el egoísmo y el orgullo. ¿Somos descuidadas con nuestro cuerpo? ¿Lo usamos para nuestros propios propósitos o consideramos cuidadosamente cómo usarlo de la mejor forma para sus propósitos?

A Dios también le interesa nuestro espíritu. ¿Es pacífico, sosegado y confía en Él? ¿Se enfoca en lo eterno e invisible, o pasamos mucho tiempo afanadas por las ventajas temporales de la belleza física? ¿Tratamos de ser "positivas" acerca de nuestro cuerpo sin reconocer el origen de nuestro valor, entregando nuestro cuerpo a Cristo?

Podemos volvernos a Dios en oración hoy con la intención correcta de procurar ser saludable centrándonos en Él, no en nosotras. En vez de avergonzarnos de nuestra figura postparto porque tenemos un vientre flácido de mamá, o enorgullecernos por nuestra capacidad de lograr un cuerpo mejor que antes de tener bebés, sometamos nuestra vida a Dios. Puede ser que Él nos recuerde la sabiduría que hay en el entrenamiento físico, los buenos hábitos alimenticios o sacar tiempo para tomar decisiones estratégicas con respecto a la salud. Puede que nos anime a dormir un poco más en lugar de volver al gimnasio (lo cual tal vez no haga desaparecer el sobrepeso en la cintura, pero te permite ser más agradable cuando tus hijos están despiertos).

Con todo, recordemos que la gran comisión no se trata de salir al mundo y predicar: "Madres, ustedes no tienen que verse como si hubieran tenido un hijo. ¡Ustedes pueden tomar el control de su vida y borrar los efectos de haber dado a luz!". En lugar de eso, estamos llamadas a renunciar a nuestros derechos percibidos, a gloriarnos en Cristo solamente, quien tiene el poder para salvar y para impartir gozo duradero a quienes están perdidos en el mundo.

Vuelve tu mirada

En medio de todo, es normal seguir confundida acerca de la dirección práctica de Dios en nuestra lucha con la imagen corporal postparto. Porque incluso nuestras mejores intenciones son limitadas.

Estamos limitadas por los efectos de largo alcance de la caída sobre nuestros cuerpos y nuestras circunstancias postparto. La falta de sueño, las agendas atareadas, las personas con necesidades urgentes, las hormonas, las heridas que quedan del parto, los recursos financieros limitados, la falta de ayuda, entre otros, nos impiden hacer todo lo que podemos para tener cuerpos en óptimas condiciones. Aun cuando se logra esto, debemos confiar en que aun así podemos recibir gloria en nuestra debilidad.

Nuestro espíritu puede desplegar un contentamiento encantador cuando el ejercicio, la crema antiarrugas, el maquillaje costoso y las dietas especiales simplemente no son opciones razonables. Podemos exhibir una belleza verdadera cuando las personas nos ven preocupadas por amar a otros en el nombre de Jesús, en vez de obsesionadas con el sobrepeso en la cintura.

Por otro lado, también estamos limitadas por las realidades de nuestro cuerpo humano. Dios no nos diseñó para sobrevivir con una dieta continua de rosquillas, pollo frito y batidos de helado. Es probable que no podamos evitar las consecuencias futuras del sedentarismo a largo plazo. Las endorfinas que libera el ejercicio pueden ayudarnos mental y emocionalmente a recuperarnos del estrés que supone la crianza. La salud es un buen don de Dios, y debemos invertir en ella en la medida de lo posible.

En ambos casos, a veces tratamos de vivir más allá de los límites humanos por causa del orgullo.[8] El antídoto contra el orgullo no es esforzarse más para ser perfecta, sino abrazar a Aquel que sí lo es. Nuestras limitaciones nos dirigen a nuestra necesidad de un Salvador. Sin importar cómo Dios moldee nuestros corazones en nuestra lucha con nuestra imagen corporal postparto, lo esencial es nuestra adoración a Él y nuestra participación en su historia más amplia (no ser la estrella en nuestra propia historia).

¿En que pones tus ojos, amiga madre? ¿En tus pantalones deportivos que ya no te van bien? ¿En el vientre firme de tu amiga? ¿En las publicaciones de tu cuenta de Instagram? ¿En tu capacidad de ir al gimnasio cada día de la semana?

¿O están tus ojos puestos en la fidelidad de Dios para contigo en Cristo y en tu participación en el maravilloso llamado a hacer discípulos entre las personas que te rodean, especialmente tus hijos? Vuelve tus ojos a Jesús. Puede ser que el sobrepeso en tu cintura no desaparezca, pero tu obsesión contigo misma sí se desvanecerá.

---

[8] El libro de Hannah Anderson, *Humble Roots* (Chicago, IL: Moody, 2016), explora en profundidad la humildad en nuestras limitaciones y fue una obra que influyó poderosamente en mi manera de pensar.

PREGUNTAS PARA REFLEXIONAR

1. ¿Qué luchas has experimentado con tu imagen corporal posparto? ¿Acaparan gran parte de tu vida mental y de tus acciones? ¿Por qué sí o por qué no?

2. ¿En qué quiere Dios que te enfoques y a qué quiere Él que dediques tu tiempo? ¿De qué modo los valores de Dios cambian la manera en la que ves tu cuerpo?

3. Según el tiempo, los recursos y las limitaciones que tienes, ¿cómo piensas administrar tu cuerpo como un regalo de Dios?

10

EL EVANGELIO Y NUESTRA DIETA

Laura

Cada mañana es lo mismo. Avena y mantequilla de maní (con un puñado de uvas pasas para variar), servida en tazones de colores primarios sobre la isla de la cocina. Hace ya un tiempo que soy aficionada a esta simple rutina. Satisface a todos mis hijos, al menos, hasta las 10:00 de la mañana y así, todavía medio dormida, no tengo que preocuparme por preparar las preferencias de cada diminuta boca. (Tres "¡vivas!" por incluso las más insignificantes victorias maternas).

Sin embargo, hubo un tiempo cuando este desayuno no era tan simple.

Mi hijo mayor tenía apenas un año cuando empecé a introducir alimentos sólidos en su dieta. El frasco de tapa roja de mantequilla de maní estaba en nuestra alacena y di por hecho que, si era buena para mi esposo y a mí, también lo era para nuestro tesoro sentado en la silla alta. Pero después de ver una pregunta que apareció en un grupo de Facebook, de repente, el producto de primera necesidad (indispensable en mi dieta) se convirtió en una decisión peligrosa que requería un examen cuidadoso. Esto es, si yo aspiraba a ser considerada una madre cuidadosa y consciente.

Las madres del grupo en línea hablaban acerca de los peligros de los azúcares refinados, de los endulzantes artificiales, de los aditivos, colorantes y agentes emulsionantes. Digamos que había un montón de palabras enredadas que yo nunca asocié con mi amada mantequilla de maní para untar. No solo eso, sino que debatían acerca de la última investigación acerca de cuándo y cómo debía introducirse la mantequilla de maní a un bebé para evitar las alergias: después del primer año, tan rápido como fuera posible, en el consultorio del pediatra, directo del frasco, añadiendo agua caliente y convirtiéndola en puré, y solo si habías mezclado maní orgánico de tu propio procesador de alimentos casero. Se daban opiniones y se citaban investigaciones de todos lados en la reunión virtual con tal rapidez que me resultaba imposible leer todo. Sentí que la usual punzada de culpa materna crecía en mi pecho a medida que me hundía en el pegajoso mundo de la mantequilla de maní y los niños.

Este sentimiento de culpa asociado con la comida ha sido un enemigo conocido a lo largo de mi maternidad. Apareció cuando traté de esconder la lata de leche en polvo en un grupo de mamás. También apareció después de comer queso de cabra, sin percatarme de ello, cuando estaba embarazada. Lo mismo ocurrió cuando me di cuenta de que había servido galletas de pepitas de chocolate con harina normal al niño de una amiga que prefería alimentar a sus hijos sin gluten. Ha aparecido el sinnúmero de veces que he servido comida procesada cuando mi esposo trabajaba hasta tarde en la noche.

La voz susurra: "¿Has comido suficientes verduras hoy? ¿Comiste ese bocadillo casi a la misma hora de la cena? ¿Recordaste enjuagar con vinagre esas fresas porque no son orgánicas? Puede que sea molesto, pero la única mantequilla de maní que deberías comprar es la que hay que mezclar". Las opciones para caer en la culpa relacionada con la comida no tienen fin, y las presiones sobre mi alma en lo que respecta a la alimentación vienen directamente de la cultura.

El mensaje de la cultura: los superalimentos y los superhumanos

En estos días se dice que es posible lograr cualquier cosa con la comida. ¿Quieres deshacerte de la panza postparto? Hay una dieta para eso. ¿Quieres que tu hijo deje de hacer berrinches? Esta es la lista de alimentos que debes evitar darle. ¿Te ha costado recuperar tu cabellera después de tener al bebé? Añade este polvo a tu batido matinal. ¿Necesitas tratar la piel seca de tu hijo? Intenta frotarla con este aceite de cocina un par de veces al día.

Si les das los alimentos adecuados, cultivados de la manera adecuada, preparados con el método adecuado, estarás haciendo lo correcto. La comida es combustible. La comida es un estilo de vida. La comida es aceptación. La comida es la medicina por excelencia. La comida es poder y estatus.

Por supuesto, hay dietas específicas que pueden ayudar, como las que son libres de azúcar, de gluten, el vegetarianismo, entre otros. A veces nosotras o nuestros hijos deben evitar ciertos alimentos debido a las alergias leves o fatales, o a necesidades específicas de salud, las cuales deben siempre tenerse en cuenta y protegerse. Sin embargo, algunas veces creamos un montón de reglas innecesarias basadas en preferencias, en tendencias o en los últimos artículos que se han vuelto virales.

La presión empieza el día en que una mujer se convierte en madre y enfrenta la realidad de cómo sustentar la vida de su bebé. Solo se intensifica más cuando su hijo crece y ella introduce los primeros alimentos (¿claras de huevo?, ¿aguacate en puré?, ¿cereal de avena fortificado con hierro?) y tiene que lidiar con niños quisquillosos, horarios de locura, comidas para llevar, almuerzos escolares, cenas comunitarias del domingo, agendas de bocadillos para las prácticas de fútbol y reglamentos escolares para golosinas de cumpleaños. Las buenas madres monitorean la ingesta de leche materna y biberón, el plato y la cuchara. Miden el alcance de su amor, la calidad de sus cuidados y la profundidad de su devoción conforme al bienestar de su hijo.

A medida que su familia crece y cambia, aparecen las últimas investigaciones que dictaminan las mejores dietas y alimentos que puede servir a las personas que ama. Tratar de mantenerse al día con las tendencias de nutrición a veces parece más agotador que criar niños pequeños. Ni qué decir de lo desalentador que resulta esto para cualquier madre que no puede darse el lujo de invertir tiempo ni dinero en dietas particulares.

La comida sí importa, y de hecho juega un papel central en la historia del evangelio (¿alguien se acuerda del fruto en el huerto?), pero el mensaje de Dios en torno a la comida y a la alimentación de nuestras familias difiere de los dictámenes de la cultura. Interesarse por la comida no es malo, pero a Dios le interesa más aquello con lo cual alimentamos nuestro corazón que los alimentos que van al estómago. La capacidad que tiene la comida para sanar y nutrir nuestro cuerpo después de la caída es limitada. En cambio, Cristo puede sanar plenamente tanto el cuerpo como el espíritu por toda la eternidad.

El mensaje del evangelio

CREACIÓN: El Edén comestible

El primer alimento que el hombre y la mujer comieron avergonzaría cualquier dieta "100 por ciento orgánica". En el huerto del Edén había productos locales cultivados por Dios, libres de pesticidas, químicos, aditivos,

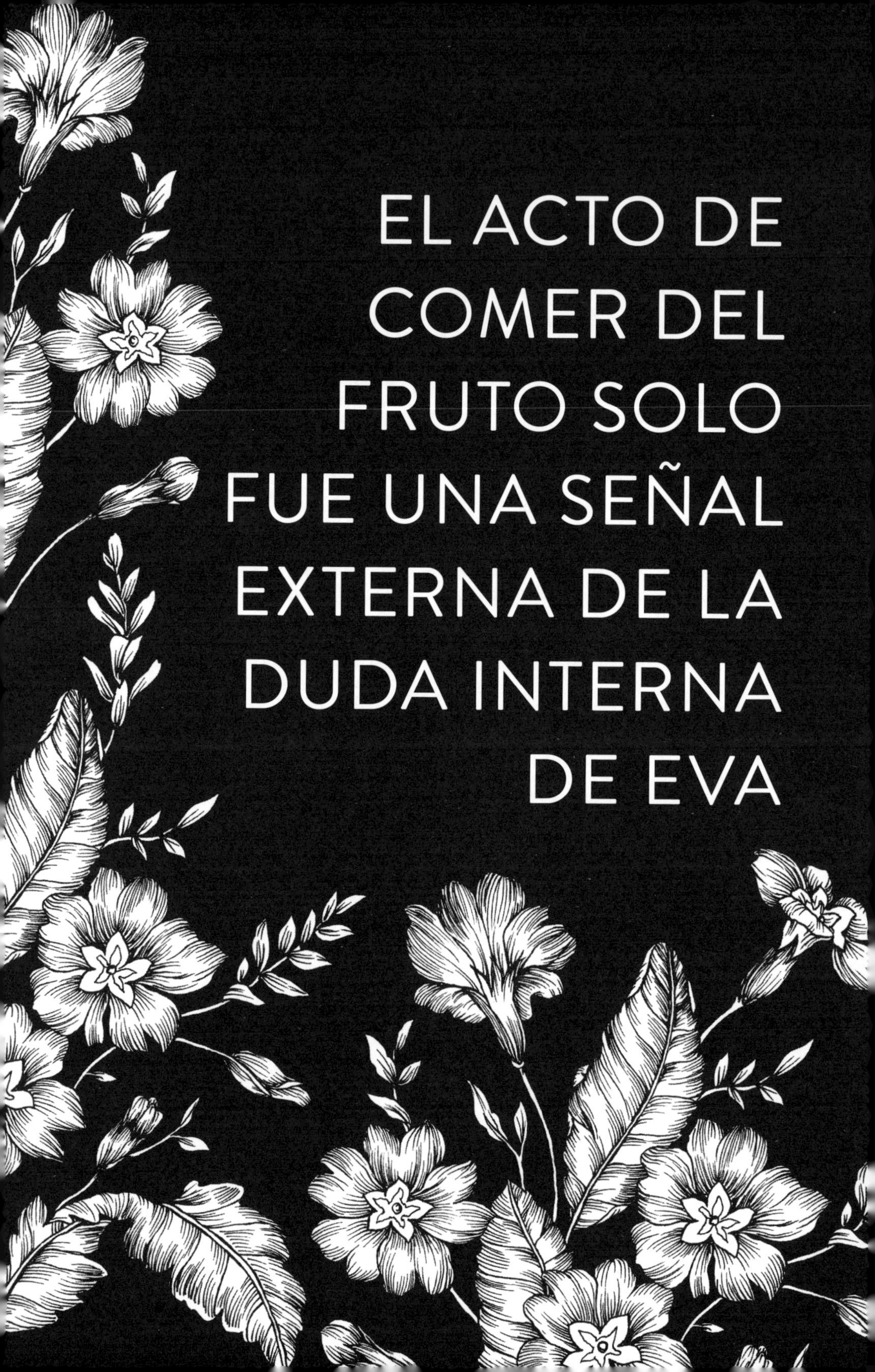
EL ACTO DE
COMER DEL
FRUTO SOLO
FUE UNA SEÑAL
EXTERNA DE LA
DUDA INTERNA
DE EVA

fertilizantes y colorantes. La producción agraria del Edén habría sido abundante, hermosa y con todos los nutrientes necesarios para sustentar la vida. Adán y Eva nunca pasaron hambre, no existía algo remotamente parecido a una alergia de maní, y nadie tenía que preocuparse por grasas dañinas. Era el paraíso de un gourmet.

Dios declaró todas las plantas, animales y la tierra entera "buenos", y los portadores de su imagen buenos "en gran manera".[1] Dios dio a Adán y a Eva cada semilla, planta, fruto y árbol para que comieran en el huerto, excepto el árbol del conocimiento del bien y del mal.[2] Del interminable bufé de hierbas, frutos y vegetales que ellos podían disfrutar, solo uno estaba fuera de su alcance.

Sin embargo, fue el único al que no se pudieron resistir.

CAÍDA: El fruto prohibido

Con un bocado del fruto perfecto, cultivado localmente, libre de químicos, recién cosechado, nuestra relación con Dios quedó rota. Aun así, el acto de comer del fruto solo fue una señal externa de la duda interna de Eva, y de su deseo de probar algo aparte de Dios. Con un bocado de lo prohibido, de repente el mundo de la comida y nuestra relación con ella se colapsaron.

Mientras que entonces solo hubo un árbol prohibido, el pueblo de Dios recibió más adelante leyes meticulosas relativas a la alimentación. La prohibición de alimentos como el cerdo y los mariscos, y la compleja serie de reglas dietéticas los ponían en una categoría aparte del resto de las naciones[3]. Había reglas acerca de qué comer, cuándo comer, cómo comer y cómo preparar la comida.

El día del pecado original Dios maldijo la tierra con espinos, cardos y sudor sobre nuestra frente.[4] Ahora la tierra gime bajo la maldición. Los agricultores trabajan duro y se esfuerzan por producir suficientes cosechas y ganado para alimentar la población mundial, pero aun así los alimentos no alcanzan a llegar a las personas más necesitadas. Hay quienes se levantan y se acuestan con hambre. Los niños lloran pidiendo comida que sus madres no pueden proveer. Países enteros padecen malnutrición, y millones mueren de hambre cada año. La comida que tenemos se echa a perder y se pudre,

---

[1] Génesis 1:31.
[2] Génesis 1:29; 2:16-17.
[3] Levítico 11:1-47.
[4] Génesis 3:17-19.

hay plagas y bacterias peligrosas que la amenazan y que pueden afectar negativamente nuestro cuerpo, causando alergias, adicciones, enfermedad cardiaca y diabetes.

También sentimos la maldición en nuestros hogares. La mesa es un campo de batalla. Forzamos a nuestros hijos pequeños a "probar al menos un bocado", peleamos por controlar nuestros propios antojos de comer en exceso y a escondidas los *brownies* de la alacena, y participamos en los álgidos dilemas entre amamantar y dar el biberón. Es la lucha, la necesidad y el ciclo alterado de la alimentación.

La caída también fracturó nuestra relación con otros. Ahora evitamos ser hospitalarios o tener comunión con otras personas por temor a no estar al nivel de las últimas dietas o por miedo a servir algo que pueda causar una reacción alérgica en alguien. Evitamos reuniones en torno a la mesa porque eso exige demasiado tiempo, energía y esfuerzo. No queremos arriesgarnos a dañar nuestras relaciones o a echar a perder nuestras dietas rigurosas. Bailamos y tartamudeamos en torno al tema de la comida que se elige, a veces conteniendo los juicios contra otros, o aprovechando cada oportunidad para educar a cualquiera que nos dé un empujoncito. Queremos iluminar a otros, informarlos y convertirlos a nuestra manera de pensar. Encontramos nuestra validación, valor y adoración en la comida.

REDENCIÓN: El pan de vida

Sin embargo, Dios sabía la gran crisis en la que nos metería algo tan sencillo como una simple comida, y envió a su Hijo Jesús para detener la caída. No podemos sanar nuestros cuerpos descompuestos alimentando a nuestros hijos con más vegetales que golosinas de fruta (aunque nos parezca tentador). Solo el cuerpo molido de Cristo en la cruz puede ofrecernos verdadera redención y libertad de nuestro pecado. Cuando Jesús vino y cumplió la ley, quitó las restricciones sobre las leyes alimentarias. Cuando recorrió el suelo seco, resquebrajado e implacable de esta tierra, dio claras instrucciones acerca de nuestra relación con la comida, declarando limpios todos los alimentos.[5]

En virtud de la obra de Cristo, no encontramos nuestra identidad en dietas ni reglas especiales acerca de la comida. Sí, queremos ser mayordomas sabias de nuestro cuerpo, pero sabemos que no somos más consagradas ni más piadosas por evitar ciertos alimentos, y tampoco debemos sentirnos

---

[5] Marcos 7:18-19.

avergonzadas ni apenadas por lo que hay en nuestro refrigerador.[6] La decisión acerca de amamantar o usar biberón no tiene que llevarnos a estresantes búsquedas en Google porque nuestra confianza no está en un método predilecto, sino en Jesús. Gracias a Cristo, todas somos bienvenidas a la mesa. Encontramos nuestra justicia solo en Él y no en nuestra manera de comprar víveres. Podemos ser amables con las personas que toman decisiones diferentes de las nuestras, y podemos perdonar cuando alguien olvida nuestras necesidades o preferencias. Nos enorgullecemos de la cruz más que de nuestras habilidades culinarias.[7]

CONSUMACIÓN: Comida de primera calidad por toda la eternidad

Un día, cuando estemos con nuestro Salvador en el Edén eterno, nuestra batalla con la comida terminará. Entonces, las personas y el resto de la creación serán hechos perfectos.[8] En virtud de nuestra unión con Cristo en la nueva tierra, ya no discutiremos acerca de las preferencias alimentarias ni certificaciones orgánicas, ni lucharemos con dietas que vienen y van o ingestas por estrés. Las alergias serán cuestión del pasado y los aterradores memes no nos van a desvelar de preocupación por los perritos calientes que servimos en el almuerzo.

Al fin disfrutaremos de un huerto abundante y pleno, libre de malezas y suelo rocoso. Seguiremos labrando en él, pero estará gloriosamente exento de trabajos duros y penosos.[9] La comida seguirá siendo parte esencial de nuestras vidas eternas, como lo es hoy. En compañía de nuestro Salvador disfrutaremos de la cena festiva más espectacular por toda la eternidad, con comida exquisita.[10]

Una mesa abierta

Yo vivo en Iowa, en el corazón del oeste medio de los Estados Unidos, conocido también como la despensa del país. No es extraño oír mamás hablando acerca de los beneficios de la biotecnología y los organismos genéticamente modificados, las certificaciones de productos orgánicos y el aprovisionamiento, entre otros temas. Quisiera poder decirte que siempre he

---

[6] Romanos 14:7-8.
[7] Gálatas 6:14.
[8] Romanos 8:20-23.
[9] Isaías 65:21-23
[10] Isaías 25:6.

sido una espectadora inocente en estas conversaciones (especialmente cuando se tornan acaloradas), pero francamente no ha sido así. Yo he disparado datos de la Internet que leí durante la sesión nocturna de amamantamiento. He repetido lo que dijo alguna amiga que trabaja en la industria agraria. He juzgado en silencio la opinión de otra mamá, que me parece "demasiado estricta y ortodoxa", y en otras ocasiones quiero poner en su mano una bolsa de coles de Bruselas.

Con más frecuencia de lo que me gustaría reconocer, termino del bando de los legalistas acerca de los cuales leemos en el Nuevo Testamento. Algunos creyentes en la iglesia primitiva se involucraban en acalorados debates acerca de las reglas y prescripciones de la dieta. Algunos sentían que necesitaban abstenerse de ciertos alimentos, y otros sentían que las leyes dietéticas no se aplicaban a ellos. En Romanos 14, Pablo aborda de frente este tema. Manda a la iglesia que deje de disputarse por el tema de la comida. Puesto que Cristo derrotó la muerte, todo alimento es declarado limpio (o puro). Hay libertad para escoger los alimentos que queramos. La manera como cada cual come es un asunto de conciencia personal.[11]

Pablo nos recuerda que ninguno de nosotros es la norma ni el juez del otro. Puesto que Jesús cumplió la ley, nuestro valor no consiste en negarnos ciertos alimentos, en amamantar el año reglamentario ni en seguir la última dieta de moda. Dios recibe a todos los creyentes, los que se someten a dietas estrictas y otros que comen todo lo que les ponen al frente, y nosotras debemos hacer lo que Dios hace.[12] El entrenamiento del cuerpo y el alimento que lo mantiene en funcionamiento son aspectos que revisten cierto valor, pero no actuemos como si nuestra salvación dependiera de ellos.[13]

¿Preferencias u obsesiones?

Tengo varias amigas que prefieren carnes, frutas y verduras orgánicas. Tengo otras amigas que compran con descuentos y buscan los precios más baratos. Otras prefieren incluso comprar su carne, huevos y verduras de temporada solo a los campesinos locales. Tengo amigas que crían su propio ganado y que cultivan gran parte de sus frutas y vegetales.

Alimentar a tu familia con cuidado y esmero no tiene nada de malo. De hecho, es un gesto de amor y misericordia proteger a alguien de una alergia,

---

[11] Romanos 14:1-4.
[12] Romanos 14:3-4.
[13] 1 Timoteo 4:8.

GRACIAS
A CRISTO,
TODAS SOMOS
BIENVENIDAS
A LA MESA

planear un menú equilibrado, y garantizar que toda la familia reciba la provisión necesaria de nutrientes y vitaminas para tener energía y funcionar bien a lo largo del día. No solo eso, sino que Dios hizo la comida para que la disfrutemos mientras le servimos a Él. ¡Es un motivo de celebración! Podemos (y debemos) deleitarnos en el sonido de una sartén caliente, la gama verde oscura de un pepino, y el olor de un filete perfectamente asado.

El problema sucede cuando juzgamos, condenamos y criticamos a otros por no opinar lo mismo que nosotras. Se vuelve pecado cuando nubla nuestra visión al punto que no podemos amar a nuestro prójimo simplemente porque comen diferente a nosotros. De hecho, para mí es fácil olvidar que mientras yo puedo salir en un momento y encontrar un supermercado cercano para comprar lo que me apetezca, algunas madres estarían agradecidas con simplemente poder llenar los estómagos vacíos de sus bebés hambrientos. Poder escoger la comida es un regalo de la gracia de Dios, y no todas las personas tienen el privilegio de experimentar esta clase de redención.

¿Te enoja que en un encuentro infantil para jugar una mamá sirva galletas, como merienda, 15 minutos antes del almuerzo? ¿Pones cara de disgusto frente a la mamá que prefiere esperar un año antes de dar azúcar a su bebé? ¿Te atormenta la porción de tarta de queso que comiste en la fiesta de cumpleaños de una amiga?

Nuestra reacción cuando otra mamá rompe nuestros estereotipos dietéticos, especialmente con nuestros hijos, revela el estado de nuestro corazón. Si estamos intranquilas, si supervisamos constantemente la alimentación de nuestros hijos, si nos estresamos preguntándonos dónde van a comprar nuestros víveres, o si secretamente esperamos convertir a nuestras amigas a nuestra manera de comer, hemos llevado las preferencias alimentarias demasiado lejos. La pregunta es: ¿Tu identidad depende de una dieta o régimen que te impones o que adoptas en tu familia? ¿O tu identidad descansa en Cristo sin importar lo que se sirva de merienda en un encuentro de juego infantil?

Tomemos la posición de un corazón humilde y agradecido, recibamos nuestra comida con gratitud como una provisión de nuestro Padre, y reconozcamos que Dios nos ha liberado de su juicio, y de juzgar a otros.[14] Gracias al evangelio de Jesucristo, podemos comprar, cocinar y alimentar a nuestras familias con libertad.

---

[14] 1 Timoteo 4:3-5.

PREGUNTAS PARA REFLEXIONAR

1. ¿De qué manera ves la comida como una regla que mide tu capacidad de ser una buena madre?

2. ¿En qué sentido tu identidad en Cristo elimina la necesidad de preocuparse por la comida y te dirige más bien a adorar a Dios por su provisión y su bondad manifiestas en tu vida? ¿Hay algún área de adoración equivocada de la cual necesites arrepentirte?

3. ¿Cómo te capacita la libertad del evangelio para extender gracia a los demás con sus preferencias dietéticas? ¿Con quién puedes practicar esto hoy?

EL EVANGELIO Y NUESTRAS RELACIONES

Emily

Cuando nuestro primer hijo tenía apenas seis meses, mi esposo y yo planeamos pasar nuestra primera noche lejos de casa. Como es natural, le escribí a los abuelos un manual completo.

Esta es una pequeña cita de la sección acerca del sueño (sí, el manual tenía tantos temas que fue necesario dividirlo en secciones):

> Él se acuesta entre las 7:00 y las 8:00 de la noche ¡Estén pendientes de las señales de cansancio! Es mejor acostarlo más hacia las 7:00 o 7:30. Si van a darle un baño, empiecen después de las 6:30, para que esté listo para la rutina de la hora de acostarse: entrar en la habitación con luz tenue, ponerle un pañal limpio, ponerle la pijama, ponerle la bolsa de dormir, darle un biberón, darle un chupete y arrullarlo hasta que se duerma. Acuéstenlo sobre su espalda cuando esté casi dormido, pero todavía despierto, sin mantas ni animales de felpa en su cuna. Si el ruido de fondo está encendido y la habitación está oscura, por lo general se acuesta sin problemas o llora muy poco.

Está bien que te rías de mí. Yo misma me río de mí (y, con toda seguridad, el abuelo y la abuela también). Mis intenciones, con aquel manual, eran buenas. Yo quería que mi hijo gozara de las comodidades que mamá y papá le ofrecían en brazos de otras personas que iban a cuidar bien de él.

Sin embargo, detrás de esas buenas intenciones, mis actitudes incorrectas del corazón imponían ciertas exigencias…

"El abuelo y la abuela tienen que satisfacer mis expectativas para poder amar a mi hijo y hacerme feliz".

"Yo soy la única persona que sabe cómo cuidar a mi hijo. Cualquier otra hará un trabajo insuficiente a la hora de satisfacer sus necesidades".

"Una persona que me respeta acatará todas mis preferencias".

Estas frases no aparecían en el manual, pero mis expectativas, preferencias y estándares eran una receta para la tensión en las relaciones.

Ambas parejas de abuelos fueron pacientes en el proceso de ajustarnos a este nuevo aspecto de la relación, pero el proceso no estuvo exento de dificultades. Como podrás imaginar, ellos no siempre siguieron nuestras reglas. Nosotros no siempre tuvimos expectativas razonables. No pudimos comunicarnos ni entendernos perfectamente todas las veces.

Años después, considero que me va bien si las instrucciones que dejo cuando mis hijos grandes y pequeños quedan bajo el cuidado de los abuelos se limitan a gritar "gracias, ¡nos vemos más tarde!" al mismo tiempo que salgo por la puerta. Todavía comunicamos los puntos esenciales, pero he mejorado en confiar en Dios, en los demás (que son dignos de confianza), y en reconocer que no poseo el único método de crianza correcto.

El mensaje de la cultura: A mi manera (de mamá) o nada

Las relaciones en la maternidad son complicadas. Existe una tensión con los abuelos por no seguir los horarios de la merienda, incomodidad con tu amiga de la iglesia que cree que los niños siempre deberían quedarse en la reunión de los adultos cuando a ti te conviene más tenerlos en la guardería, conversaciones incómodas con la mamá que piensa que amamantar puede funcionar siempre y cuando te esfuerzas lo suficiente, reacciones equivocadas cuando acabas de tener un aborto espontáneo y tu amiga se queja por su embarazo, entre muchas otras situaciones.

Cada relación, conversación e interacción puede ser una amenaza a tu identidad como madre, haciéndote sentir avergonzada o pequeña. O puedes optar por ignorar eso y no importarte lo que las demás personas piensan, porque tu manera de hacer las cosas es la única manera relevante. Todos estos problemas producen resultados como rupturas, aislamiento y falta de perdón en nuestras relaciones.

La cultura occidental es bastante individualista, tiene la tendencia a elevar al yo y las elecciones personales por encima del bien común o los sentimientos del grupo. Cuando la elección personal es venerada, creemos que todas las demás personas deberían tolerar, alentar y promover nuestras preferencias individuales. En décadas recientes, esto también se ha convertido en el marco de referencia para la maternidad y el lente a través del cual vemos nuestras relaciones con las demás personas.

Cuando los demás no se ciñen a nuestras expectativas o al manual sobreentendido que hemos creado para nuestros hijos, respondemos abierta o pasivamente negando el amor, la comunión y el gozo de nuestros hijos. La cultura nos dice que, para tener relaciones pacíficas, debemos afirmar y estar de acuerdo con las preferencias de los demás. La amabilidad está siempre condicionada al ofrecimiento de amabilidad. Si alguien quiere respetarnos, dicha persona afirmará lo que nosotros hacemos y alentará nuestra libertad para hacer lo que nos parezca correcto.

Incluso dentro de la unidad familiar, es la madre quien toma la mayoría de las decisiones sobre el cuidado de los hijos, las preferencias de estilo de vida y los métodos para nutrir a los hijos. Esto, pues, se resumiría básicamente en el dicho: "Se hace a mi manera o nada". La cultura puede hacer parecer que la opinión de papá (especialmente en los primeros años) es irrelevante, ignorante e inferior a los instintos superiores y perfeccionados de la mamá osa.

¿Es este el plan de Dios para nuestras relaciones? ¿Amar, aceptar y disfrutar solo la compañía de quienes cumplen con nuestras expectativas sociales y afirman (o por lo menos toleran) nuestro estilo de vida predilecto?

A pesar de la complejidad de nuestras relaciones en la maternidad, la provisión de Cristo en el evangelio y el ejemplo que nos dejó nos ayudan a extender gracia, a ejecutar justicia y a pasar por alto las ofensas en conflictos grandes y pequeños.

Una salvedad

Las relaciones experimentan diferentes niveles de salud. Este capítulo trata principalmente de las ofensas, las angustias y las tensiones que surgen a raíz de expectativas erróneas, elecciones diferentes, influencias ligeramente negativas y momentos desagradables, los conflictos y factores de estrés que son "normales" y que experimentamos en nuestra vida cotidiana. Sin embargo, las relaciones en las que existe maltrato (físico, emocional o sexual) o alguna influencia o comportamiento extremadamente perjudicial (abuso de sustancias, obscenidad extrema, racismo, problemas mentales constantes, etc.), requieren probablemente un manejo diferente que no trata este capítulo. Dios siempre llama a los seguidores de Cristo al perdón, pero también nos llama a la protección y la justicia. Está bien fijar límites en las relaciones como una expresión de amor, y contactar a las autoridades competentes en caso de que sea necesario. El proceso de discernir aquellas situaciones es mucho más eficaz en comunidad con otros creyentes que pueden ayudarte a saber cómo proteger mejor tu corazón y tu mente, y los corazones y las mentes de tus hijos.

El mensaje del evangelio

CREACIÓN: A la manera de Dios o nada

Cuando Dios creó a Adán y Eva, les dio instrucciones para su vida sobre la tierra (una especie de manual). Las expectativas de Dios para su nuevo pueblo nacían de su amor por ellos, el cual era esencial para su prosperidad y su vida misma. Él quería tener una relación con ellos, pero una relación con un Dios santo exigía completa obediencia a sus mandatos que fueron comunicados claramente.

Dios ordenó: "Fructificad y multiplicaos; llenad la tierra, y sojuzgadla, y señoread en los peces del mar, en las aves de los cielos, y en todas las bestias que se mueven sobre la tierra" (Génesis 1:28). Adán y Eva debían usar "toda planta que da semilla, que está sobre toda la tierra, y todo árbol en que hay fruto y que da semilla" (Génesis 1:29), pero no se les permitió comer del árbol de la ciencia del bien y del mal.[1]

Si bien el primer hombre y la primera mujer recibieron responsabilidad y autoridad (como hemos recibido los padres), ellos no eran los dioses del huerto. Antes bien, ejecutaban el plan perfecto de su Padre para la vida en su creación.

CAÍDA: Por nuestro propio camino

Sin embargo, en lugar de ir en la dirección de Dios y obedecer sus mandatos en el huerto, Adán y Eva desobedecieron, en sus corazones dudaron de Él y comieron del árbol prohibido después de ser tentados por una serpiente.[2] Hicieron lo que mejor les parecía, elevando los deseos personales por

---

[1] Génesis 2:16-17.
[2] Génesis 3:6.

encima del mandato colectivo de Dios para la creación. Como Adán y Eva rechazaron los caminos de Dios, todos heredamos el pecado.[3]

Seguimos las pisadas de ellos, rechazando la verdad del buen diseño de Dios a cambio de nuestra propia visión del mundo.[4] En particular, como madres esto significa que diseñamos nuestros propios manuales para nuestros hijos con expectativas explícitas o implícitas para nuestras relaciones. Si nuestros hijos no tienen permitido usar un iPad o comer *brownies* antes de la cena, y vemos que los demás rompen nuestras reglas, hacemos sonar las trompetas y traemos nuestro ejército.

O puede ser más sutil. Pensamos: "Eso está bien para tu hijo, pero no me digas cómo criar al mío. Yo soy la diosa de este huerto y yo decido lo que es mejor". Cuando alguien cuestiona nuestro estilo de vida, desafía nuestras decisiones o nos da una opinión contraria, nos resentimos y quejamos, esperando el momento de expresar desagrado de manera pasiva. Estratégicamente rehusamos tener comunión con las personas que no acatan nuestras normas de crianza o que nos hacen sentir menos que madres extraordinarias, porque si transigimos sentimos que fracasamos en el trabajo en el que más ansiamos triunfar.

No quiero decir que no deberíamos tener ideales o normas en la crianza. Es bueno tener planes y deseos para nuestros hijos. El problema radica en pensar que nuestras preferencias son el bien supremo para nosotras y para nuestros hijos, y ver los comentarios y las elecciones de los demás como una ofensa personal, en lugar de buscar en la Palabra de Dios nuestra norma para la vida y las relaciones.

REDENCIÓN: Cristo abre un nuevo camino

En vez de rechazarnos para siempre por rebelarnos contra sus caminos, Dios proveyó un camino para la reconciliación. Él sabía que no podíamos obedecer sus mandamientos buenos, perfectos y santos. El único camino a la libertad vino por medio de un acto de justicia divina.[5]

Dios envió a su Hijo, el cual nunca cedió a la tentación para hacer lo que le parecía, para hacerlo pecado por nosotros, a fin de que pudiéramos conocer y seguir el camino de Dios para nuestra vida por medio de Cristo.[6]

---

[3] Génesis 3:5.
[4] Romanos 1:25.
[5] Romanos 7:5-6.
[6] 2 Corintios 5:21.

Jesús compró nuestro acceso a una relación correcta con Dios, libre de la expectativa de cumplir todas sus leyes, porque Él tomó el castigo que nosotras merecíamos: la ira de Dios, su ausencia de comunión, su brazo fuerte de justicia y su derecho a cobrar venganza.[7]

Esto debería servirnos para no responder como el siervo que se negó a perdonar, en Mateo 18:21-35, ni como el fariseo que fue condenado en Mateo 23:4-7. La reconciliación radical y la gracia de Dios para con nosotras en Cristo cuando fallamos en satisfacer sus expectativas buenas y perfectas supone que debemos extender a otros la gracia radical, perdonándolos "setenta veces siete".[8] También significa que necesitamos humillarnos delante de nuestro Mesías, valorando la relación y el servicio por encima de nuestras agobiantes preferencias personales.

CONSUMACIÓN: El camino a un mejor Edén

Un día, cuando cada rodilla se incline delante de Él, nuestros manuales de maternidad serán vergonzosamente insignificantes comparados con la revelación de su plan perfecto. Él vengará, retribuirá y juzgará cada ofensa cometida.[9] Nosotras no tenemos que ejecutar venganza ni retener amor sobre la tierra, porque sabemos que hay un desenlace cuando Cristo volverá y Satanás será lanzado al lago de fuego.[10] Podemos esperar el momento cuando gozaremos de una relación perfecta con la familia de Dios, personas resucitadas, con cuerpo, que aman, gozan y celebran el camino de Dios para siempre, e incluso nuestras múltiples y variadas preferencias.

La gracia no es un boleto gratuito

Es posible empezar a entender esta reconciliación costosa que Dios nos da en Cristo, y aun así que no se refleje en nuestra vida cotidiana. Cuando el abuelo y la abuela acuestan al bebé dos horas más tarde y no como les pedimos, cuando nos enteramos de que vieron una película que nos parece demasiado aterradora, persiste la pregunta: ¿Cómo extendemos gracia sin dar a los demás un boleto gratuito para hacer lo que quieran?

Aunque no sé la respuesta a esa pregunta para cada situación, con mayor

---

[7] Mateo 5:17.

[8] Mateo 18:21-22. "Setenta veces siete" es la manera como Jesús manda a Pedro perdonar sin imponer un límite y sin llevar cuentas.

[9] Hebreos 10:30.

[10] Apocalipsis 20:10.

frecuencia termino preguntándome: "¿Es esta una *preferencia personal*? ¿Estoy faltando al amor, o este es un *pecado nocivo* contra Dios y contra mi hijo que debo confrontar en amor?". La gran mayoría de las veces, en el contexto de las relaciones con personas de confianza, se trata de una incómoda violación del manual materno que yo puedo pasar por alto con una actitud llena de gracia.[11]

¿Se trata de una preferencia personal?

¿Alguien olvidó en la fiesta de cumpleaños dar a tu hijo el bocadillo correcto conforme a su dieta específica?[12] Cree en sus buenas intenciones y agradece sinceramente la gran celebración. Es una excelente oportunidad para tu hijo para recordar que las cosas no siempre son fáciles y cómodas. Las personas no siempre piensan en nuestras preferencias, pero aun y así podemos amarlas. Podemos animarnos y recordar un versículo como Proverbios 19:11: "La cordura del hombre detiene su furor, y su honra es pasar por alto la ofensa".

¿Se trata de un pecado nocivo que debe confrontarse?

A veces no resulta fácil diferenciar entre nuestras preferencias personales y los pecados nocivos. En cualquier caso, podemos proceder con una actitud de humildad. Podemos estar motivadas por un corazón perdonador que se interesa más por amar el buen designio de Dios que por obligar a las personas a ceñirse al nuestro, y de ese modo podemos tratar el pecado y buscar la reconciliación necesaria. Una mamá que ha sacado la viga de su propio ojo (al ver sus propios errores, pecados y su necesidad de gracia) puede tratar con mayor eficacia la paja (el problema de pecado) que está en el ojo de otro.[13]

Si tu amiga ha fallado en corregir a su hijo agresivo después de varios encuentros para jugar, el proceso de perdón y reconciliación puede incluir una conversación franca pero amable acerca de lo que te dolió a ti o lastimó a tu hijo. Si tú y tu esposo están a punto de salir de viaje con la familia política, el proceso puede incluir una conversación preliminar acerca de límites en las relaciones. El amor cristiano presenta el pecado delante del verdadero Juez, buscando maneras de relacionarse que eviten al máximo el daño causado por el pecado.

---

[11] 1 Pedro 4:8.

[12] Este ejemplo *no* se refiere a casos de alergias severas que pongan en riesgo la vida de una persona, lo cual debe manejarse y enfrentarse de manera directa y con seriedad.

[13] Mateo 7:1-5.

Reflexiones acerca de relaciones basadas en el evangelio

Nos sentamos en torno a la mesa en el restaurante más elegante de nuestro pueblo para un encuentro de amigas después de haber acostado a los niños, y cada mujer pidió algo diferente. Las bebidas llegaron primero: té de hierbas, tazas de chai, café descafeinado con crema y agua embotellada. Luego llegó la comida y los postres: coliflor asado, pan tostado, *crème brûlée*, tarta de chocolate sin harina y *galette* de arándanos. El plato y la bebida de cada mujer fueron diferentes, pero todas hicieron su pedido del mismo menú.

Cuando miré a mi alrededor, noté que las vidas de las mujeres que estaban presentes eran tan diferentes como la comida y las bebidas que teníamos al frente. Había mujeres cuyas edades abarcaban varias décadas, mujeres que trabajaban fuera de casa, mujeres que eran voluntarias, mujeres que se quedaban en casa de tiempo completo. Algunas tenían títulos de maestría, algunas eran dueñas de pequeños negocios, algunas tomaban clases en el seminario, y otras estaban decidiendo qué hacer con sus vidas en una nueva etapa. En ese grupo, las misiones representadas variaban desde el hogar hasta los confines de la tierra. Algunas mujeres servían en vecindarios pequeños en áreas rurales, algunas ministraban a madres en alto riesgo en una clínica local para mujeres, algunas en programas de acogimiento a menores, y otras se acercaban a personas musulmanas con la esperanza de compartir el evangelio.

Mamás con hijos en escuelas públicas. Mamás con hijos en escuelas privadas. Mamás que educan en casa. Mamás que amamantan. Mamás que extraen su leche. Mamás que dan biberón con fórmula. Mamás que experimentaron el dolor de anhelar un hijo, sustos en el embarazo o niños con necesidades especiales. Mamás de dos hijos y mamás de cinco. Mamás que cuentan con ayuda en el cuidado de los hijos y mamás que llevan al hombro toda la carga de la crianza. Mamás con ingresos de seis cifras y mamás que se gozan y se las arreglan con un pequeño ingreso ministerial.

Mamás. Todas sirviendo de maneras diferentes, todas muriendo al yo de maneras diversas, todas siguiendo y amando a su Señor Jesús, y todas viviendo el evangelio de maneras únicas según sus familias, pasiones y circunstancias. En Él, por Él y para Él disfrutamos de conversaciones informales, y también profundas, con un sentido de comunión y gozo.

Y, aunque ese momento alrededor de la mesa fue idílico, fue un pequeño

NO ESTAMOS
EN UNA
COMPETENCIA.
ESTAMOS EN
COMUNIDAD

reflejo de las relaciones que podemos tener cuando nuestras esperanzas, expectativas e identidades están arraigadas en Cristo.

No tenemos que alzar nuestro manual de la maternidad como el método supremo cuando podemos reconocer el camino de Dios como el único camino, un camino que podemos recorrer solo con humildad por medio de la persona y la obra de Cristo. No estamos en una competencia. Estamos en comunidad. Cuando buscamos el mayor bien del reino por encima de nuestras propias preferencias y deseos, cuando damos prioridad a la reconciliación y al entendimiento, las relaciones pueden florecer en medio de la imperfección e incluso de las ofensas.

PREGUNTAS PARA REFLEXIONAR

1. ¿Qué relaciones (amigos, abuelos, colegas de trabajo…) han sido más complicadas para ti en la maternidad y por qué? ¿En qué medida se deben las tensiones a tus preferencias personales y no a un pecado específico?

2. ¿En qué maneras has fallado en vivir a la altura de los estándares de Dios? ¿Qué hizo Dios en esta situación por medio de Cristo? ¿Cómo debería eso cambiar la forma en la que interactúas con tus relaciones difíciles?

3. Considera una situación cercana en la que podrías experimentar relaciones tensas. ¿Cómo podrías orar y planificar con anticipación, y hablar la verdad a fin de estar lista para manejar la situación con gracia, verdad y amor?

12

EL EVANGELIO Y NUESTRAS TRADICIONES

Laura

Di unos pasos atrás y admiré mi trabajo. Veinticinco bolsas de papel colgaban de la rama de un árbol con cuerdas y pinzas de ropa. Pensé que le hacía falta más inspiración navideña, de modo que añadí algunas ramas de pino de mi patio y una de imitación con bayas rojas. "Ahí está. Un calendario de adviento perfecto". Eso pensé.

Día 1. Me siento maravillada y dichosa. Sí, mis hijos de dos y tres años rompieron la bolsa y corrieron por todas partes durante la historia bíblica, ¡pero lo estábamos logrando! Una actividad completa de pegatinas de muñecos de nieve colgaba de la pared. Conté la historia de Adán y Eva en la misma habitación de ellos y parecían ansiosos por conocer el cumplimiento de la promesa. (O tal vez por el bastón de caramelo nada más, pero ¿quién sabe?). Era la mejor mamá del mundo.

Día 5. Me siento frustrada. Tratamos de dar un paseo en auto para ver luces navideñas, pero al parecer el corazón de todos en el vecindario se había encogido dos tallas. Vimos un par de decoraciones, pero nada espectacular. Mi hijo de tres años repitió un millón de veces "¿Dónde tan? ¿Dónde tan?". Nuestra hija menor se quedó profundamente dormida porque ya era demasiado tarde. El chocolate caliente se derramó y tuvimos que limpiar los asientos del auto. No hubo tiempo para la historia bíblica y tuvimos que acostarlos de inmediato.

Día 10. Estoy harta. Anden, niños, destruyan las galletas hechas en casa que pasé horneando todo el día. De todas formas, las galletas en forma de copo de nieve son feas. ¿Para qué hacerlas si ustedes solo me van a rogar que los deje comerse 15, esparcir granas por todo el piso y luego yo tenga que bañarlos antes de acostarse por todo el glaseado que se untaron en el cabello? ¿Para qué molestarse siquiera en esto de "dejar recuerdos"?

Día 17. Estoy desesperada. Mi esposo trabajó hasta tarde y no participó en la actividad… otra vez. Los niños quieren saber cuándo van por fin a *"abrir los regalos"*. Yo no tengo la energía para completar la actividad de la noche, de modo que les doy un trozo de chocolate, a lo que ellos responden: "¡Más, más, más!". Verbalmente y en lenguaje de señas. Grandioso.

Cuatro semanas después, el calendario de adviento terminó torcido hacia el techo, tres bolsas se desprendieron, una faltaba, y hay más agujas de pino en mi sofá que en la rama. El estado lamentable del calendario es un reflejo de mi corazón. ¿Cómo terminó todo tan mal? Se supone que las tradiciones y los recuerdos deben ser especiales y mágicos, y lo único que yo sentía era derrota y desánimo. ¿Cómo lo logran otras mamás?

El mensaje de la cultura: Pompa y esplendor

Por supuesto, mis esfuerzos exagerados para crear tradiciones significativas no se limitan a la Navidad. La Pascua, el día de Acción de Gracias, los cumpleaños, los tiempos devocionales en familia o las oraciones a la hora de comer, sin importar que sea un ritual diario o un suceso anual, siempre he tenido la tendencia a convertir las tradiciones en algo más grande de lo que son, perdiendo en ello el enfoque central en lo más importante.

No creo que sea la única.

La cultura secular y la iglesia ponen un acento particular en las tradiciones para hacerlas emocionantes, divertidas y llenas de pompa, asombro y dicha. La televisión y las películas muestran casas mágicas, meticulosamente decoradas para la Navidad, gigantescas fiestas de cumpleaños con casas inflables y espectáculos de circo, y los festines del día de Acción de Gracias parecen salidos de una pintura de Norman Rockwell.

Las redes sociales no han ayudado, porque nos presentan escenas que solían estar reservadas para Hollywood, y nos dan la impresión de que cada hogar celebra con la misma extravagancia. Son momentos congelados en el tiempo como un cuadro perfecto, como fotos de revista. Los niños prestan atención, los rollos de canela parecen hechos en una panadería profesional, las canastas de Pascua son bellísimas, las actividades perfectamente planeadas y bien ejecutadas, y la decoración de la fiesta de cumpleaños sale directo de una revista. Todo es despampanante y espectacular, y todo el mundo se ve feliz y en armonía. Se guardan las fotos y las publicaciones de blog, y queda establecida la norma para que la mamá ame a su familia como debe ser, con tradiciones que se expresan en decoración, planificación y actividades.

Aparte de todo eso, en los círculos cristianos ponemos una presión adicional para garantizar que la tradición tenga un significado más profundo, lo cual deben enseñar a la perfección los padres bien informados y debe ser recibido con gran entusiasmo por parte de los niños. Una mamá debe estar a la vanguardia de los últimos libros infantiles y música cristianos, debe tener organizadas las tarjetas de vocabulario, un sistema de memorización de las Escrituras, calendarios de adviento y páginas de colorear para la Pascua. Sentimos como si faltar a un día de enseñanza significara que nuestro precioso tiempo se ha perdido y que nuestros hijos quizá nunca aprenderán los caminos del Señor. Las mamás hablan en línea y en persona acerca del nuevo producto que han comprado o del nuevo sistema que han establecido para "sembrar sólidas verdades bíblicas en lo profundo del corazón de sus hijos". Las presiones aumentan, se multiplican, hasta que una madre ya no puede soportar más.

Cuando los planes salen mal, cuando los niños quieren hablar más acerca de regalos que de Jesús, cuando el día está repleto de actividad y el tiempo a solas en familia se pasa por alto, una mamá puede sentirse desolada. Su maternidad ha fracasado, y ella necesita buscar la manera de mejorar y de ser "una buena madre". En otros días, cuando sus planes de algún modo mágico se cumplen, ella se siente eufórica, por un momento. Luego, su corazón empieza a luchar contra el orgullo y el afán de volver a llenar la medida.

Antes de darse cuenta, está atrapada en el éxito o en el fracaso de las tradiciones familiares.

Las tradiciones son buenas, incluso bíblicas. Sin embargo, Dios no promete que serán siempre impecables, especialmente cuando hay niños involucrados, y tampoco Él pide que se ejecute a la perfección una celebración que deje a todas las mamás del vecindario boquiabiertas. En lugar de eso, Dios mira el corazón. Dios no diseñó las tradiciones para impresionar a otros; Él las diseñó para que recordemos y celebremos su obra.

Así que la pregunta es: ¿Qué te queda cuando desaparece toda la pompa, los globos estallan, las guirnaldas se guardan, las hojas de colorear están usadas y los platos de la fiesta se tiran a la basura?

El mensaje del evangelio

CREACIÓN: Rutinas esenciales

Una tradición se considera por lo general como algo que se hace con regularidad, pero es más que la costumbre de hacer ejercicio cada mañana o de comer una rebanada de pastel de chocolate después de la cena cada noche. Por lo general, nos referimos a ellas como hábitos o rutinas. La palabra "tradición" significa "transmitir información, creencias y costumbres por medio oral o mediante el ejemplo de una generación a otra sin una instrucción escrita".[1] Es algo que hacemos con regularidad, pero también con un sentido particular. En términos bíblicos, vemos que una tradición es algo que se hace de manera repetida, pero con un significado adicional de recordar a Dios, de celebrar su obra y de enseñar sus caminos a quienes nos rodean.

La palabra "tradición" no aparece en el Antiguo Testamento, pero si buscamos cuidadosamente, vemos que las tradiciones empiezan desde el relato de la creación. Cuando Dios terminó su obra de crear los cielos y la tierra, plantas y animales, hombre y mujer, descansó de su obra, bendiciendo al día séptimo y santificándolo. En los Diez Mandamientos, Dios dice a su pueblo: "Acuérdate del día de reposo para santificarlo… Porque en seis días hizo Jehová los cielos y la tierra, el mar, y todas las cosas que en ellos hay, y reposó en el séptimo día".[2] Dios estableció una tradición, fijando un suceso semanal para que su pueblo honrara y recordara lo que Él había hecho.

CAÍDA: El "yo" esencial

Sin embargo, al igual que nuestros primeros padres, nuestra inclinación natural es recordarnos y celebrarnos a nosotros mismos, antes que a Dios. Al igual que nosotros, los israelitas tenían tradiciones anuales, como la Pascua (recordar cómo Dios los había rescatado y liberado de la esclavitud en Egipto), la fiesta de los tabernáculos (recordar su peregrinaje por el desierto desde Egipto hasta Canaán) y la fiesta de los panes sin levadura (recordar que salieron de Egipto apresuradamente). También tenían tradiciones más frecuentes, como el día de reposo, los sacrificios y ofrendas diarias, y lecciones para sus hijos acerca de Dios. "Y las enseñaréis a vuestros hijos, hablando de ellas cuando te sientes en tu casa, cuando andes por el camino, cuando te

---

[1] *Merriam-Webster,* s.v. "tradition", www.merriam-webster.com/dictionary/tradition.

[2] Éxodo 20:8, 11.

acuestes, y cuando te levantes".[3] (Esto suena un poco a discipulado familiar, ¿no te parece?).

A medida que avanzamos en el Antiguo Testamento, vemos que los israelitas tenían la tendencia a repetir las tradiciones de manera mecánica, sirviendo a Dios de labios para afuera, pero persistiendo en el orgullo interior esforzándose por aparentar, impresionar a los demás y ganarse el favor de Dios. "Este pueblo de labios me honra, mas su corazón está lejos de mí. Pues en vano me honran, enseñando como doctrinas mandamientos de hombres".[4] Con frecuencia, sus tradiciones celebraban sus propios esfuerzos y logros, no los de Dios.

Las personas no han cambiado. Como madres, pasamos a menudo más tiempo analizando el valor nutricional y el color de la cobertura del pastel de nuestro bebé que dándole gracias a Dios por la vida de nuestro hijo, celebrando las bondades de Dios en el año que pasó, y proyectando lo que Él hará en el futuro que tiene por delante. Salimos a la cacería del calendario de adviento perfecto más por nuestro deseo de publicar la foto más encantadora en Instagram que por nuestro deseo de ver nuestra familia meditando en el plan de Dios para la redención y el nacimiento de nuestro Salvador.

En vez de usar las tradiciones para destacar a Cristo, las usamos para destacar al yo.

REDENCIÓN: Un sacrificio esencial

Sin embargo, Dios sabía que nosotros deformaríamos la tradición de su verdadero propósito y la usaríamos para que sirviera a los nuestros. Con facilidad podemos cambiar nuestro comportamiento exterior y repetir los rituales externos, mientras que cambiar nuestros corazones es mucho más difícil. De hecho, es imposible hacerlo por nosotras mismas, razón por la cual Dios envió y sacrificó a su propio Hijo. Él sabía que nosotras nunca lo amaríamos por nuestra cuenta realmente, así que abrió un camino satisfaciendo su requisito imposible en nuestro lugar. Este gran amor por nosotras es lo que hace posible que podamos amar. "Nosotros le amamos a él, porque él nos amó primero".[5]

Ahora, con el Espíritu Santo obrando en nuestro interior, podemos manifestar nuestro amor sincero por Dios a través de lo que hacemos, en lugar de

---

[3] Deuteronomio 11:19.
[4] Marcos 7:6-7.
[5] 1 Juan 4:19.

repetir ritos que están desconectados del corazón. Podemos amar a nuestras familias por medio de tradiciones diarias y anuales, entendiendo que su verdadero propósito no es ganar algo, sino recordar y honrar a Aquel que nos dio todo. Por medio de las tradiciones podemos servir, conscientes de que nuestro estatus está seguro en Cristo, en vez de preocuparnos por lo que otros piensan de nosotras si no hacemos lo suficiente. Podemos enseñar humildemente lo que sabemos, en lugar de actuar como sabelotodos. Podemos confiar que la salvación viene de Dios, no de nuestra enseñanza mediante tradiciones. Podemos atesorar recuerdos con nuestras familias y amigos para recordar a Dios, antes que conmemorar nuestras propias acciones.

CONSUMACIÓN: Un Salvador esencial

Cuando Cristo vuelva no será difícil recordar ni honrar a Dios, porque Él morará con nosotros.[6] No vamos a sentirnos tentadas a buscar nuestra propia gloria porque su gloria sublime llenará la tierra y satisfará nuestros corazones hambrientos y errantes. En aquel día, nuestra historia, nuestro legado, nuestros recuerdos, nuestra herencia y nuestro patrimonio caminará entre nosotros. Como hijas de Dios, ya no necesitaremos recordatorios a lo largo de nuestro día ni a lo largo del año para poder reorientar nuestro corazón errático a la cruz. En lugar de eso, cada día adoraremos en el trono de nuestro Señor y Salvador.

Apariencia exterior, actitud interior

—Muy bien, ¿qué leímos ayer? ¿Alguien lo recuerda? —pregunté a mi familia cuando estábamos reunidos para hablar acerca de la Biblia.

El sonido del sonajero del bebé pareció responder a mi pregunta. Mis otros dos hijos básicamente me ignoraron. Uno estaba recogiendo motas del tapete y el otro hacía muecas al papá, tratando de hacerlo reír.

Yo suspiré.

—¿Recuerdan a los mellizos? ¿Al hermano velludo? ¿La sopa?

—¿Podemos comer un bocadillo?

—¿Esa Biblia tiene más dibujos?

—¡Me gustan los unicornios!

—¿Ya se acerca mi cumpleaños?

Decidí saltar el repaso y continuar con la siguiente lectura. Gran parte

---

[6] Apocalipsis 21:3.

A DIOS LE INTERESA EL ACTUAR SINCERO DE TU CORAZÓN QUE ADORA, NO LAS ACTIVIDADES VACÍAS QUE SOLO SE HACEN PARA IMPRESIONAR A OTROS

de la noche transcurrió igual, yo haciendo preguntas a niños distraídos y mi esposo discutiendo con ellos sobre el tapete para tratar de ayudarlos a concentrarse. Parece un esfuerzo inútil. "¿Al menos escuchan? ¿Algún día recordarán esto? ¿Por qué siento que soy pésima para esto? No sirvo para enseñar la Biblia…". Estos pensamientos cruzaron por mi mente más veces de las que quisiera reconocer. Nuestra tradición de tratar de leer y comentar la Biblia cada noche antes de dormir parece más un deber que un deleite.

Eso sucede porque he puesto mi valor personal en el deseo de ver fruto inmediato en nuestras tradiciones. Quiero que mis hijos repitan a la perfección la historia de Jacob y Esaú para yo poder sentir que soy una buena madre. En esos momentos, en realidad no me importa la manifestación de la gloria de Dios. Solo me importa mi gloria y aplacar y reconfortar mi ego. Siento que así puedo cumplir el requisito de enseñar la Palabra de Dios y de crear recuerdos familiares especiales, porque a veces es más fácil ajustar mis acciones que tratar con mi corazón.

"Porque no quieres sacrificio, que yo lo daría; no quieres holocausto. Los sacrificios de Dios son el espíritu quebrantado; al corazón contrito y humillado no despreciarás tú, oh Dios".[7] David sabía que ejecutar todas las tradiciones externas en el mundo no podía salvarlo del pecado ni darle sentido a su vida. Dios no busca robots que hagan lo que Él dice porque la cultura o la iglesia dictaminen que esa es su obligación. Dios siempre busca más profundamente. Él "conoce los secretos del corazón" y "no mira lo que mira el hombre; pues el hombre mira lo que está delante de sus ojos, pero Jehová mira el corazón".[8] Esto significa que a Dios le importa más tu corazón que lo esponjosos que sean tus rollos de resurrección, o si te has equivocado al contar la historia de Navidad (porque, a decir verdad, es difícil responder las preguntas de niños de cuatro años acerca de bebés y vírgenes), si tu hijo se quita la ropa durante la adoración familiar, o si a todas tus amigas mamás les impresionó el último plan curricular que escogiste. A Dios le interesa el actuar sincero de tu corazón que adora, no las actividades vacías que solo se hacen para impresionar a otros.

Una tradición de tesoro y testimonio

Cuando Cristo es nuestro tesoro más grande, nuestro amor por Él rebosará en nuestra vida diaria y en nuestras tradiciones especiales. Si bien es

---

[7] Salmo 51:16-17.
[8] Salmo 44:21; 1 Samuel 16:7.

encomiable organizar cómo enseñar catecismo o planear qué tradiciones navideñas se ajustan más a tu familia, Dios solo pide que enseñemos a nuestros hijos lo que Él nos enseña a nosotros. A medida que la Palabra de Dios se profundiza y crece en nuestras propias vidas, Él nos llama a ser fieles en comunicar lo que aprendemos a las personas en nuestro entorno.

Las tradiciones están diseñadas para restaurar nuestro corazón, no para demostrar cuánto valemos. Dejemos de complicar tanto las cosas y de poner medidas inalcanzables. Rechacemos la tendencia cultural y dejemos a un lado nuestro deseo de perfección en las tradiciones y en el éxito tangible a corto plazo. En vez de eso, comuniquemos libremente el testimonio de Dios en nuestra vida. Como madres que acostumbramos, por lo general, a sentar las pautas tradicionales en nuestros hogares, confiemos en la edificación lenta de un corazón fiel y humilde que sencillamente vive de manera práctica el amor que ha recibido. A pesar de que el pastel se queme, los niños se porten como locos y se rasguen las páginas del libro, podemos gozarnos y responder con gracia dando ejemplo del evangelio a quienes nos rodean, incluso cuando nuestras tradiciones no se celebran conforme a lo planeado. Porque todas esas actividades no nos justifican delante de Dios. Cristo ya ha logrado esto por nosotros.

PREGUNTAS PARA REFLEXIONAR

1. ¿Cuánta presión sientes a la hora de celebrar las tradiciones familiares? ¿Definen, a veces, esas celebraciones tu estatus como buena madre? Si es así, ¿cómo?

2. ¿En qué sentido tu seguridad en tu posición en Cristo cambia tu perspectiva acerca de las tradiciones de tu familia y de la manera como te sientes cuando no se celebran conforme a lo planeado?

3. ¿Tus tradiciones familiares señalan a Dios como el tesoro y el testimonio más grande? ¿Qué ajustes podrías hacer para presentarlo a Él más fielmente?

13

EL EVANGELIO Y NUESTRA COMUNIDAD CRISTIANA

Emily

"Es posible que su hijo necesite usar una silla de ruedas".

Apenas pasaba de los dos años. Después de hablar con un equipo de especialistas de intervención temprana acerca de las adaptaciones para el año escolar, mi corazón no daba para más. Lágrimas corrían por mis mejillas viendo a mi hija bebé dando vueltas, pateando y haciendo sonidos con la boca, mientras que su hermano mayor estaba sentado y apenas balbuceaba. Pero él no debería estar así. Debería estar diciendo: "Mamá, mira, ¡mi hermana, se da vuelta!". Había sido una semana difícil, por decir lo menos.

Estaba agotada, pero mi calendario me recordaba que me había inscrito para una conferencia de fin de semana. En caso de asistir, sabía que tenía que ducharme, poner una sonrisa en mi cara y hablar con extraños (eso era lo último que yo sentía deseos de hacer mientras procesaba las limitaciones de mi hijo y tenía delante de mí el montón de ropa de toda la semana por arreglar). A pesar de eso, decidí ir. Tomé una ruta alternativa que era oscura y pedregosa, y traté de refrenar las lágrimas al tiempo que estacionaba.

Entonces la situación dio un giro inesperado.

Cuando entré en el auditorio, la esposa de mi pastor me saludó y me guio por las escaleras a sentarme con un grupo de nuestra iglesia.

Ninguno de ellos lo supo en ese momento, pero yo quedé asombrada por el consuelo de Dios cuando vi a algunos de mis consejeros más cercanos y mis amigos más queridos de la iglesia sentados allí. En vez de ubicarme en

141

la esquina de un pasillo (estaba sola), una de las parejas mayores me rodeó uno a cada lado. En las filas cercanas, vi a mis pastores, algunos ancianos y a varias mujeres de mi iglesia a cada lado. Mi corazón descansó. Aunque estaba en un grupo grande, no estaba sola. No estaba sola en la conferencia, y, más importante aún, no estaba sola en medio de nuestra situación familiar.

Cuando terminó el tiempo de adoración y tuvimos la oportunidad de hablar, abrí mi corazón. No solo las cosas fáciles, sino también las cuestiones acerca de la silla de ruedas. Ellos lloraron conmigo. Como un padre amoroso, el hermano que estaba junto a mí me rodeó y me abrazó.

Aunque cada parte de mi ser quería esconderse en casa donde podía hundirme en mi temor, ver a las personas de mi propia iglesia fue exactamente el tipo de apoyo y consuelo que necesitaba. A veces la maternidad es dura, pero no tenemos que hacerla peor aislándonos o escondiéndonos del plan de Dios para nuestra comunidad inmediata.

El mensaje de la cultura: Los grupos de mamás afines son suficientes

No podemos solas con la maternidad. ¿Cuál es la solución? Encontrar una comunidad de mujeres afines, compañeras que entiendan las situaciones que tienes que enfrentar. Con una taza de café recalentado en mano, pueden intercambiar historias del combate, reír, compadecerse y ayudarse mutuamente a manejar los asuntos de la maternidad.

Cuando te cuesta amamantar, las mamás expertas pueden ayudarte con problemas de succión y decirte lo que les ayudó a perseverar. Cuando te sientes abrumada por el ruido y los juegos bruscos de los pequeños, las mamás de niños varones pueden reír contigo y brindarte consejos acerca de cómo encauzar la energía de tus hijos. Cuando te encierras en el baño para escapar de tu pequeño que te tiene agotada, otras mamás pueden ofrecerte un refresco y decir: "¡Me ha pasado igual!". Estos grupos pueden ayudarnos a sentirnos seguras, confiadas y protegidas.

Las comunidades afines no son malas. Tener amigas que viven lo mismo en etapas similares de la vida con filosofías similares de la crianza puede ser de gran ayuda y tiene su lugar, pero la cultura nos tienta a *quedarnos ahí y limitarnos a ello.* Películas cómicas de mamás, grupos en línea y reuniones comunitarias nos hacen sentir que las mamás como nosotras son nuestra única esperanza de ayuda y amistad. Pero si ellas son nuestra única esperanza, ¿qué sucede cuando no puedes encontrar un grupo de mamás en tu misma situación? ¿Qué sucede cuando te sientes sola a pesar de estar rodeada de mujeres que "crían" igual que tú? ¿Qué sucede cuando te sientes insatisfecha al darte cuenta de que todos los consejos prácticos del mundo no sanan las heridas más profundas de tu corazón? Esto amerita preguntarse: ¿Nos conformamos demasiado pronto con palmaditas en la espalda, sugerencias prácticas y relaciones que solo afirman al yo?

Los grupos de personas afines pueden formar comunidades estrechas, y las mejores pueden incluso llevarte al evangelio. Pero ¿es este el único tipo de comunidad que Dios ha dispuesto que tengamos? Dios desea que disfrutemos de la gracia común que ofrecen las relaciones con quienes compartimos experiencias similares, pero ¿nos hemos preguntado su plan eterno de comunión entre personas? ¿Serán todos los santos personas afines? ¿Tendrán las mismas experiencias? Tal vez Dios haya dispuesto una provisión más amplia para nosotras que lo que ofrecen las comunidades de mamás parecidas (aun cuando nos aporten verdades importantes). A través de un cuerpo de creyentes en la iglesia local podemos recibir apoyo para el alma, formación en la Palabra y oportunidades para amar a otros como hemos sido amadas, aun cuando las diferencias de edad se extiendan varias décadas, las experiencias sean dispares y la comunicación parezca difícil.

El mensaje del evangelio

CREACIÓN: Un buen plan comunitario

La inclinación de nuestros corazones hacia otras personas, especialmente las que tienen una misión y valores similares, forma parte del buen diseño original de Dios. Dios es un Dios en tres personas: Padre, Hijo y Espíritu Santo. Aunque son distintos en papel y en función, todos son igualmente Dios con una meta única de glorificar a Dios. De esta relación comunitaria y amorosa en la Trinidad nace el deseo de Dios de crear personas que sean portadoras de su imagen, primero Adán y luego Eva.[1] ¿Por qué no tener simplemente un solo ser humano? Dios dijo que no era bueno para el hombre estar solo.[2]

El plan era que Adán y Eva trabajaran juntos y llevaran a cabo el mandato de la creación de maneras complementarias para la gloria de Dios como

---

[1] Génesis 1:26-27.
[2] Génesis 2:18.

una sola carne.[3] El plan de Dios desde el principio fue que compartiéramos en comunidad y cumpliéramos una misión con personas diferentes, pero con el mismo corazón, unidas en una Persona que es inmutable.

CAÍDA: Comunidad para nuestros propios fines

La comunión constructiva y basada en los mandamientos de Dios no duró mucho antes de que el pecado entrara en la relación. Cuando Eva cedió a las maquinaciones de Satanás, animó a su esposo a participar de su desobediencia[4]. Siendo ambos pecadores, se escondieron juntos avergonzados. En vez de acudir de inmediato al Señor en arrepentimiento, sucumbieron al temor y evitaron a Dios.[5] Cuando eso no funcionó, se volvieron el uno contra el otro y jugaron a echarse culpas. Esta es la primera ilustración de lo que sucede cuando una comunidad gira en torno a sí misma y se une solo por los intereses propios. Esto conduce a una profunda ruptura y, al final, termina en muerte.

Por causa del pecado de Adán y Eva, toda la comunidad humana ha quedado con la misma mancha. En vez de vernos como adoradores que se unen con otros creyentes en Cristo para llevar a cabo la misión de Dios, somos personas necesitadas que se adoran a sí mismas y desean que los demás adopten nuestros planes y misión para la vida. En vez de congregarnos en torno al amor de la Palabra de Dios y a la obediencia a sus mandamientos, amamos nuestras propias normas y nos exigimos mutuamente cumplirlas. En vez de buscar el bien común, encontramos motivos para murmurar, denigrar de otros, quejarnos, causar disensión y aliarnos por motivos impíos si nos parece que eso satisface nuestras necesidades percibidas.

Cuando se presentan las luchas de la maternidad nos encanta tener respuestas que coincidan con nuestro paradigma de vida. Buscamos el apoyo de personas que no están interesadas en sacar a la luz los asuntos más profundos del corazón.

Satanás odia especialmente la comunidad de Dios en la iglesia, de modo que hace todo lo que está a su alcance por ocultar su belleza. Se asegura de que veamos las imperfecciones y nos refugiemos rápidamente en nuestras supuestas comunidades más seguras. Nos incita a poner en duda lo que podemos aprender de una mujer mayor que experimentó la maternidad hace

---

[3] Génesis 2:24.

[4] Génesis 3:6-7.

[5] Génesis 3:8.

dos décadas o qué clase sabiduría puede ofrecernos una madre soltera en su cuarentena. Se asegura de que nuestras comunidades del evangelio sean difíciles de acceder, aunque Dios sabe que pueden fortalecernos en la dura batalla contra el pecado.

REDENCIÓN: La comunidad establecida en la iglesia

Gracias a Dios que Él nos amó demasiado para dejarnos nada más con comunidades faltas de sanidad donde buscamos, al margen de su plan para nosotras, las respuestas a nuestras inquietudes. Cuando ponemos nuestra esperanza en la muerte y en la resurrección de Cristo, recibimos el Espíritu Santo y somos adoptadas como herederas en la familia de Dios.[6] Tenemos hermanos y hermanas en Cristo y somos parte de lo que Dios está haciendo en la iglesia global, y además estamos llamadas a integrar grupos más pequeños de creyentes que tienen una misión unificada dentro de las comunidades locales.

Dios provee iglesias locales donde podemos participar de manera colectiva de una herencia incorruptible, incontaminada e inmarcesible como miembros de una familia.[7] Ya sea en una iglesia subterránea o en una congregación de miles en el "cinturón bíblico", tenemos la oportunidad de servir juntos y de amarnos mutuamente, manifestando la gloria de Dios hasta que Jesús vuelva.[8]

En los Evangelios, Jesús dice a Pedro (la roca) algo asombroso que debería motivarnos a hacer una pausa de admiración: "Sobre esta roca edificaré mi iglesia; y las puertas del Hades no prevalecerán contra ella" (Mateo 16:18). Jesús no dice que nuestros grupos de apoyo a la lactancia, los clubes de mamás de niños varones ni las comunidades de Facebook van a prevalecer contra el infierno, sino su iglesia. Jesús amó tanto esta comunidad de personas que la compró con su propia sangre.[9] ¿No te motiva esto a integrarte y a ser parte de la gran misión de Dios?

La iglesia es el lugar donde nos animamos los unos a los otros mientras esperamos el regreso de Jesús. Es la familia que tiene como encargo orar por nosotros y ayudarnos a vivir como Jesús.[10] Aun cuando no lo sintamos,

---

[6] Efesios 1:5, 13.
[7] 1 Pedro 1:4.
[8] Efesios 3:10.
[9] Hechos 20:28.
[10] Efesios 2:20-22; Colosenses 3:16.

ni lo experimentemos en el primer intento, la verdad es que Jesús ama a su novia, la Iglesia, y la ama tanto que va a volver por ella. Nosotras también debemos amarla.

CONSUMACIÓN: La novia de Cristo es una comunidad eterna

Las comunidades de madres afines a veces te brindan aliento hasta la siguiente reunión, texto, recurso o publicación de ayuda del grupo, pero la Biblia habla acerca de una esperanza viva que nunca mengua ni regresa vacía. Esa esperanza está en la resurrección y el regreso de Cristo.

Algún día adoraremos todos juntos con la verdadera novia de Cristo, la Iglesia. Las experiencias de vida de estos creyentes abarcan milenios, sus historias y sus intereses tienen más matices que tu *feed* de Instagram, y se mantienen unidos en la persona y la obra de Jesús. Es la clase de comunidad en la que deberíamos invertir ahora porque es figura de lo que está por venir.

La belleza cautivante de la Iglesia

A mi hijo mayor le gusta mucho el arte. Cuando empezó a colorear, le gustaba usar una simple caja de crayones y rotuladores. Le sirvieron mucho y le permitieron dibujar monstruos, tigres rayados y arco iris en papel blanco. Para él, estas herramientas eran grandiosas porque no sabía que existían otra clase de materiales.

Una mañana de nieve saqué del sótano de la casa un estuche de materiales artísticos para niños. Esta misteriosa caja tenía más que crayones. Incluía pasteles, lápices para hacer bocetos, lápices de colores, acuarelas y carboncillo. Cuando la abrí y la puse delante de él, lanzó gritos de emoción.

Él quería aprovechar a fondo el estuche de materiales de arte, pero no tardó en darse cuenta de que estas herramientas (diversas y hermosas) eran también difíciles de utilizar. A medida que aprendimos a usarlas, creando monstruos con cabellera delineada, coloreando el cielo con pinceladas de acuarela y marcando detalles con lápices finos, él se dio cuenta de que los materiales producían obras de arte más interesantes y llamativas. Él todavía usa sus crayones y rotuladores, pero cuando el estuche de arte está a mano, es su paleta predilecta.

La elección de materiales de arte de mi hijo nos recuerda la diferencia entre los grupos de mamás de nuestra cultura y la comunidad de la iglesia local. Los grupos de mamás nos brindan compañerismo e ideas prácticas acerca de la vida cotidiana. Como crayones y rotuladores, funcionan muy bien para

JESÚS AMA A SU
NOVIA, LA IGLESIA,
Y LA AMA TANTO
QUE VA A VOLVER
POR ELLA

muchas cosas. ¡Nadie tira unos buenos crayones! Sin embargo, es una dicha poder echar mano del estuche completo de materiales de arte cuando comprendemos la visión de Dios para la comunidad en la iglesia local.

Un cuadro de la comunidad del evangelio: amar y ser amado

A medida que asimilo los retrasos en el desarrollo de mi hijo, refiriéndome a Él como un niño con necesidades especiales y viéndolo en una silla de ruedas, con frecuencia me pregunto a quién acudir. Los grupos de apoyo en línea ofrecen anécdotas útiles y prácticas sobre niños con discapacidades. Otras mamás de mi ciudad tienen niños pequeños que también tienen dificultades para caminar y hablar, y encuentro en ellas sabiduría cuando nos reunimos en solidaridad. Dudo que vaya a despedirme de ellas en el futuro.

Sin embargo, también he percibido en mi corazón un dolor que ninguna mamá con niños especiales puede aliviar. Cuando sé que se avecina una cita médica particularmente difícil, mi familia de la iglesia ora por nosotros. Cuando recibo noticias desalentadoras, alguien de la iglesia viene y llora conmigo. Cuando estoy agotada de compromisos relacionados con mi hijo a lo largo de la semana, mis amigas de la iglesia me animan a recordar la fidelidad de Dios. Este grupo de personas me ayuda a vencer la desesperanza y la duda.

En todo esto, mi esposo y yo hemos aprendido que el designio de Dios para la comunidad en la iglesia local no siempre parece la respuesta obvia para nuestra necesidad presente, pero es una provisión abundante. Cuando estamos dispuestos a ser transparentes sobre las dificultades en nuestra vida, otros pueden servirnos con comidas, visitas, mensajes de texto e incluso carcajadas.

Quizá pienses: "Eso suena grandioso, pero yo traté de involucrarme en mi iglesia local y nadie me devolvió un solo mensaje. ¡Mi club de mamás me envía mensajes de texto de inmediato! Además, no hay mamás jóvenes en mi iglesia. Las parejas mayores están en lo suyo y no les interesa invertir en los jóvenes, y yo no tengo mucha energía para ponerme a conocer a otras personas ahora".

Tal vez tengas razón. De hecho, estoy segura de que has percibido problemas que son muy reales y que no se conforman al ideal de Dios para la comunidad de la iglesia. Ninguna iglesia llena de santos todavía pecadores va a amarte a la perfección. Puede que no se compadezcan de ti cuando tus hijos te despiertan en la noche, pero es ahí que entra a jugar otro componente maravilloso de lo que significa ser una iglesia local: aprender a amar a los otros porque somos uno en Cristo, incluso cuando no nos resulta agradable ni cómodo.

Ponemos el evangelio por obra cuando damos nuestra vida por amor a los santos, amando con afecto entrañable a quienes participan juntamente con nosotros de la gracia.[11] El afecto de Cristo que se manifiesta en nuestras vidas hacia nuestros hermanos y hermanas nos impulsa a orar cuando sabemos que están batallando en su proceso de cuidar y adoptar a un menor. Invitamos a la persona soltera a comer en casa para reír y jugar con nuestros hijos. Pedimos a los miembros mayores de nuestra comunidad eclesial que nos cuenten lo que han aprendido de la vida. Apoyamos a los misioneros y oramos por ellos junto con nuestros hijos. En la iglesia local aprendemos que "nos une la fe, no la experiencia".[12]

En su gracia, Dios nos ha dado muchas formas de relacionarnos y de experimentar comunidad. Entre ellas, personas afines, pero su plan más completo, hermoso, útil y esperanzador es un cuerpo vivo de creyentes. No es simplemente un conjunto de brazos (extremidades iguales que imitan las mismas cosas), sino un organismo vivo complejo donde cada persona glorifica a Dios y ama a los demás al tiempo que sirven a la cabeza, que es Cristo. Amiga, disfruta de tu grupo de mamás, pero busca florecer en tu *comunidad esencial* que es la iglesia local.

PREGUNTAS PARA REFLEXIONAR

1. ¿Qué comunidad esperas integrar en la maternidad y cómo se conforma esa idea con el plan divino de comunidad?

2. ¿Tu corazón y tus acciones reflejan el corazón de Cristo por su iglesia? Aunque es imperfecta, ¿qué hace en definitiva la iglesia hermosa y fructífera?

3. ¿Cómo puedes encontrar, comprometerte o invertir en la comunidad de tu iglesia local, incluso en esta atareada etapa de la maternidad?

---

[11] Filipenses 1:7-8.

[12] Dietrich Bonhoeffer, *Life Together* (Nueva York, NY: Harper One, 2009), 39. Publicado por Sígueme con el título *Vida en comunidad.*

EL EVANGELIO Y NUESTRO SERVICIO

Laura

Antes de tener hijos, nuestra lasaña era completamente elaborada en casa. Ahora la receta consiste de un frasco de salsa marinara, pasta precocida y queso mozzarella rallado. Mis hijos quieren ayudar y piden agregar la salsa, esparcen de manera caótica la pasta, partiéndola en pedazos que caen por toda la cocina, y piden sin parar que los deje mezclar el queso. Les explico que deben trabajar por turnos, no despedazar la pasta y no comerse todo el queso, y que debemos guardar suficiente para compartir con otra familia.

De algún modo, la lasaña logra entrar al horno entera y empezamos a preparar galletas. Por lo general, son las que dan más trabajo. Los niños se encargan de encender y apagar la batidora. Cuando la encienden, acostumbran poner la máxima velocidad y la harina se esparce por toda mi camisa. Muy a pesar de ellos, les dejo tener una sola galleta a cada uno. "Son para la familia Harden —les digo—. La mamá acaba de tener un bebé y esta comida le ayuda a ella a cuidar al resto de la familia".

Cuando hemos terminado todo, empacamos los platos de papel, los jugos de caja, una ensalada lista en la bolsa y otro par de cosas, y nos dirigimos hacia el auto. Atravesamos la ciudad para entregar la cena a una familia muy similar a la nuestra. Acaban de tener su cuarto hijo hace dos semanas. En el trayecto hacia la puerta, los niños hacen preguntas: "¿Podemos entrar y jugar? ¿De quién es esta casa? ¿Por qué no podemos comernos las galletas? ¿Puedo tomarme un jugo? ¿Por qué estamos aquí?".

Respondo lo que puedo, al tiempo que hago malabares llevando los paquetes y al bebé, lo cual supone un par de trayectos más desde el auto. Tocamos el timbre, entregamos la comida y hablo con la familia unos minutos. Luego regresamos al auto y vuelvo a instalar a los niños en sus asientos, mientras no paran de hacer preguntas.

Les explico que a veces las personas necesitan ayuda adicional. A veces esto sucede por dificultades que les sobrevienen, como enfermedad o discapacidad, y a veces es por motivos alegres, como el nacimiento o la adopción de un hijo. Les digo que Jesús nos amó primero y por eso nosotros podemos amar a otros, que Él diseñó al cuerpo de Cristo para que funcione de esa manera. Les digo que nosotros queremos ser generosos con los buenos dones que Dios nos ha dado, y usarlos para bendecir a otros.

Digo todo con palabras imperfectas. Hay muchas interrupciones. Titubeo y me expreso mal. Los niños están cansados porque es casi la hora de la siesta. Yo estoy cansada porque esa sola actividad duró toda la mañana y todavía me queda mucho por hacer en el día. Pero sé que vale la pena. Porque, a pesar de que servir a niños pequeños sea más difícil de lo que solía ser, confío en que Dios use esto para sembrar en sus vidas semillas de generosidad, amabilidad y entrega. Confío en que Dios lo usará para ayudarles a ver cómo podemos ser las manos y los pies de Cristo de manera palpable.

El mensaje de la cultura: Quédate o sirve, es lo uno o lo otro

En los años de crianza de niños pequeños no tienes que salir de tu casa para encontrar necesidades. Están por doquier, humanos de un metro de altura corriendo por los pasillos, la factura del hospital de cuatro páginas sobre la mesa y la montaña de medio metro de altura que te espera en la habitación. Las necesidades son muchas y son reales, y definitivamente más de lo que crees que puedes manejar.

Al mismo tiempo, es evidente que en el resto del mundo también hay necesidades. Nada más enciende la televisión, echa un vistazo a tu portátil, lee una valla publicitaria, habla con tu vecino o escucha las anécdotas de una amiga, y te recordarán rápidamente que por todas partes se necesita ayuda.

Nuestra tendencia como madres es manejar las necesidades de dos maneras diferentes. Algunas queremos meternos de lleno y arreglar todo lo que sea posible. Entendemos que las necesidades del mundo no se solucionan solas, y nos alegra apoyar causas nobles, a veces tanto que se hace a expensas de nuestra familia. Calmamos nuestra conciencia recordándonos a nosotras mismas la importancia de servir a otros. "Mi esposo y mis hijos pueden cuidarse por sí solos. Si no ayudamos a suplir esta necesidad, ¿quién va a hacerlo?".

Además, se siente bien ser productiva y lograr algo respetable. A veces, servir produce resultados inmediatos, a diferencia de la atención que exigen las interminables necesidades del hogar. Se llena la despensa, se prepara y entrega la cena, se planea, ejecuta y completa el evento. Y, de paso, siempre es más divertido servir a personas que parecieran apreciar más nuestras habilidades y agradecer nuestra generosidad. Es agradable sentir eso, en lugar de tener que obligar a nuestros hijos a dar gracias cada vez que les servimos una taza de leche.

Otras mujeres se preguntan cómo las mamás podemos marcar una diferencia fuera del hogar cuando ni siquiera logramos mantener el fregadero despejado. De modo que nos quedamos en nuestras cuatro paredes y no osamos aventurarnos fuera de nuestros propios dominios. Las necesidades son suficientemente grandes en nuestra propia casa. Nos decimos: "Los bebés y los niños pequeños son demasiado trabajo. Alguien más tiene que ocuparse de esas necesidades. Alguien más a quien le apasione la causa, que tenga más tiempo, más descanso. De todos modos, esas personas lo harán mejor que yo".

Encontramos alivio en esto porque salir de nuestra comodidad, hablar con desconocidos, usar una habilidad que no hemos logrado dominar, despertarnos aún más temprano… todo eso es difícil. Además, los niños son impredecibles, de modo que no siempre pueden acompañarnos a servir. Y, francamente, solo queremos evitar más trabajo. De modo que ignoramos las necesidades que existen fuera de nuestra casa. Si solo fingimos que no existen, no tendremos que enfrentarlas, ¿cierto?

Tanto las necesidades al interior como al exterior del hogar son realmente grandes, pero el evangelio nos llama a levantar nuestra mirada más allá de un simple dilema que nos lleve a escoger lo uno o lo otro. Así como Jesús encargó a sus discípulos, nosotras debemos mantener nuestras lámparas encendidas hasta que Él regrese.[1] No estamos llamadas a apagar nuestras

---

[1] Lucas 12:35.

lámparas cuando tenemos hijos. Tampoco a encenderlas solo cuando salimos de nuestra casa. Tenemos que mantener nuestro fuego encendido y enseñar a nuestros hijos cómo arder.

El mensaje del evangelio

CREACIÓN: Creados para servir

Génesis nos dice que Dios puso a Adán en el huerto "para que lo labrara y lo guardase".[2] En el hebreo original, la palabra "labrar" también significa "servir", y encierra la idea de servir a otros, de hacerse siervo. Adán estaba llamado a servir a Dios protegiendo el huerto, manteniendo todo en orden, y con trabajo puro y simple. Dios creó a Eva para que fuera "ayuda",[3] lo cual significa exactamente lo que dice: Ella brindaba una ayuda esencial y necesaria para hacer la obra que Dios le había encomendado a Adán. Adán no podía hacerlo sin ella.

En aquel entonces, las necesidades del Edén eran muchas, como el cultivo de la tierra, la cosecha y el cuidado de los animales, y Adán y Eva estaban ocupados. Puesto que el pecado todavía no había entrado en la tierra, fueron capaces de mantener todo en orden. Las necesidades urgentes de hoy no eran más que un futuro lejano.

CAÍDA: Servicio amargo

Al final, Adán y Eva dudaron de la bondad del plan de Dios para el trabajo y el servicio. De modo que comieron del fruto, con la esperanza de que esto les trajera algo mejor, pero solo descubrieron algo más amargo. Su duda los lanzó a ellos y a toda la creación a un lugar hostil y fracturado. Expulsados del Edén, Adán y Eva fueron incapaces por primera vez de completar todas las tareas que tenían por delante. Con enfermedad, dolor, gran esfuerzo y sudor, las necesidades eran grandes y muchas quedaban insatisfechas.

Por causa de la caída tenemos viudas y huérfanos. Hay gente pobre, hambrienta y desplazada. Hay enfermedad mental, enfermedad física, huesos rotos, corazones rotos; el pecado se abre camino en cada ser viviente. Y no solo eso, sino que el pecado se ha infiltrado en la tierra, que se estremece y

---

[2] Génesis 2:15.
[3] Génesis 2:18.

TENEMOS QUE
MANTENER
NUESTRO
FUEGO
ENCENDIDO
Y ENSEÑAR A
NUESTROS
HIJOS CÓMO
ARDER

gime bajo el peso de la maldición: océanos y tierra, plantas y animales, todos pelean por su supervivencia.

En teoría, nosotras no seríamos catalogadas como necesitadas ni en situación vulnerable. Sin embargo, las necesidades no existen únicamente fuera de nuestras paredes. El pecado también se infiltra en nuestros hogares. Nos debatimos entre lo urgente y lo importante, y ninguno recibe la atención que merece. Nuestros hijos nos necesitan, nuestro jardín nos necesita, nuestras escuelas nos necesitan, nuestro cuarto de lavar ropa nos necesita.

Las exigencias tiran con fuerza y te dejan poco espacio para respirar, y temes que todas las bolas que tienes en el aire en tus muchos malabares se caigan, por temor a que puedan exigir más de ti. El pecado hace que cierres tu corazón, y mantienes tu cabeza baja para hacer solamente lo necesario, temerosa de lo que puedas encontrar si decides levantarte y atreverte a echar un vistazo fuera.

O puede que intentes escapar de las interminables necesidades de tu familia y sueñes con transformar el mundo. Te exiges más allá de tus límites, aceptas cada oportunidad que te presentan a expensas de tus hijos, tu esposo y tu propio cuidado personal. Juegas a ser Dios, tratando de arreglar los problemas del mundo, actuando como un superhumano cuando no eres más que humana.

REDENCIÓN: Un sacrificio de siervo

A pesar de todo el caos, hubo un hombre que no fue como todo el resto de la humanidad rota. Jesús dejó el mundo al revés, o más bien lo puso al derecho. Aunque Él merece todo nuestro servicio, Él "no vino para ser servido, sino para servir, y para dar su vida en rescate por muchos".[4] Jesús es el Rey del universo. Él habla, y el viento obedece; Él toca, y los ciegos son sanados; Él camina, y el agua lo sostiene; Él duerme, y aun entonces todas las cosas son sustentadas por Él. Este Dios-Hombre todopoderoso, todo suficiente y omnisciente vino para servirnos. Realmente no nos cabe en la cabeza.

Cuando Jesús anduvo sobre esta tierra, las necesidades eran grandes. Las personas acudían a Él sin cesar, en el templo, cuando iba de camino, en los campos, en el lago, a través de un techo. En vez de evitarlas y hacerse de la

---

[4] Mateo 20:28; Marcos 10:45.

vista gorda, Jesús los recibió, reveló su corazón generoso y extendió su gracia, misericordia, ternura y amabilidad desbordante. Él amó al necesitado, al débil, al que no era fácil de amar. Al final, Cristo nos sirvió de la manera más extraordinaria posible, padeciendo una muerte tortuosa en una cruz romana, dando su vida misma por nosotros, por los necesitados, los dependientes, los quebrantados.[5]

Incluso hasta hoy Cristo continúa sirviéndonos.[6] En su poder y siguiendo su ejemplo, reflejamos su corazón de amor por las personas indefensas sirviéndoles aun cuando eso supone sacrificio e incomodidad. En Él tenemos el Espíritu Santo,[7] que nos da nuevos ojos para el perdido, un corazón que se compadece del débil, valor para enfrentar lo desconocido, y perseverancia cuando la vida se pone difícil. En nuestro servicio adoramos, mostramos gratitud por todo lo que hemos recibido. Cuanto más dependemos de Él y reconocemos nuestros límites, más nos demuestra Él que es suficiente.

CONSUMACIÓN: El Rey Siervo

Cristo es nuestro siervo, pero no lo es solo en el presente. Él seguirá sirviendo en la Segunda Venida y por la eternidad. Cuando Jesús habló con sus discípulos acerca de prepararse para su venida, les dijo que Él seguiría sirviéndoles cuando estuvieran con Él en el paraíso.[8] El mismo Cristo que regresa con ejércitos y fuego[9] seguirá sirviéndonos hasta el fin de los siglos.

Servir a otros como un discipulado para nuestros hijos

La vi cuando descendió por el pasillo antes de que me viera. Tenía el presentimiento de que si nos encontrábamos, ella iba a pedirme hacer algo que yo no quería. Cuando nos cruzamos, nos saludamos, hablamos de cualquier cosa, y entonces dijo: "¿Puedes venir al evento de la próxima semana? Estoy buscando a alguien que trabaje en la mesa de bienvenida".

En realidad, yo no quería hacerlo. Esa responsabilidad me exigía llegar 45 minutos antes, mostrarme alegre y vigorosa cuando lo único que yo sentía era cansancio, y perder la oportunidad de pasar un rato con mis amigas antes de la reunión. Estaría desprendiendo pegatinas y poniendo etiquetas

---

[5] Juan 13:14.
[6] Hebreos 7:25.
[7] Juan 14:26.
[8] Lucas 12:37.
[9] 1 Tesalonicenses 1:8; Apocalipsis 19:14.

de nombres en los suéteres de los asistentes, indicando a cada persona dónde estaban los baños. En fin, no era precisamente mi idea de aprovechar el tiempo de la niñera.

Accedí, pero deseé que aquella mujer le hubiera pedido ayuda a otra persona.

¿No es así como nos sentimos a veces acerca del servicio? Esperamos y oramos para que alguien más llene los vacíos. O tal vez seas lo opuesto; tal vez seas el tipo de persona que siente la carga de llenar todos los vacíos, de responder afirmativamente a cada oportunidad aun cuando sabes que no tienes la capacidad de hacerlo.

Sea cual sea tu inclinación personal, la Biblia ofrece esperanza. Para creyentes, involucrarse en el servicio no es opcional. Cristo nos manda amarlo a Él y amar a los demás,[10] y eso incluye servir a los débiles, a los necesitados, a los extranjeros y a los que son difíciles de amar. Esto no quiere decir que haga falta tener un diploma de consejería para hablar con la mamá vecina o una cuantiosa suma en el banco para patrocinar un ministerio local, o ser aficionadas a los niños para servir en la guardería. Al mismo tiempo, las madres tenemos una oportunidad ministerial esencial con nuestros hijos y con nuestras familias. Esto significa que en ocasiones tenemos que decir "no" a oportunidades y causas interesantes o provechosas a fin de cuidar bien a quienes Dios nos ha confiado en el círculo familiar.

Así que ministramos a nuestra familia *y* ministramos a las personas fuera de nuestra familia. No podemos tener lo uno sin lo otro. Cumplir nuestro llamado como seguidoras de Cristo es demostrar a nuestros hijos que amar a Dios significa amar a otros. Se requieren ambas cosas. Estos pequeños años son un entrenamiento para nuestros hijos, una plataforma para que nuestros hijos empiecen a entender lo que significa una vida de servicio y ministerio a Dios. Gran parte de esto sucede a través de tu ejemplo cuando demuestras a tus hijos cómo amar a otros, tanto dentro como fuera de tu familia.

Arder por el evangelio

Lo grandioso acerca del ministerio es que puede tomar muchas formas. A veces los niños nos ayudan (está bien, *algo parecido, un intento quizá*). Podemos cuidar a los hijos de una amiga mientras va a una cita médica,

---

[10] Lucas 10:27.

AMAR A DIOS
SIGNIFICA
AMAR A OTROS

entregar pañales en un refugio local para mujeres, trabajar en la promoción de nuestra iglesia durante la hora de la siesta o cuidar niños en el sistema local de acogida temporal. Podemos dejar a nuestros hijos en casa mientras servimos en nuestra iglesia local, aconsejar en un centro de crisis de embarazo o asistir a un proyecto de servicio comunitario a través de nuestro lugar de trabajo. Y podemos esperar y orar que, con el tiempo, conforme nuestros hijos ven a una madre que entrega su vida por otros, ellos capten la visión de lo que significa arder por el evangelio.

La parte difícil es que a nadie le corresponde determinar la medida de servicio que es adecuada para ti. El equilibrio es diferente para cada persona y solo se descubre indagando tu corazón y sometiendo tu tiempo y tus deseos a Dios por medio de la oración. Si tu tendencia es eludir el servicio a las personas que están fuera de tu familia inmediata, recuerda lo que hay en el corazón de Dios por los necesitados y débiles, y confía que Él (el líder siervo por excelencia) suplirá todas tus necesidades cuando por la fe aceptas atender las necesidades de tus vecinos y de tu familia de la iglesia. Si tu tendencia es ser la primera en ofrecerte como voluntaria cuando tus hijos te ruegan que pases tiempo con ellos, confía en que Dios es el único que puede suplir todas las necesidades. Puedes decir "no" a algunas cosas para poder invertir en las vidas de quienes viven bajo tu techo.

Puede que necesites tomar distancia, o puede que necesites comprometerte más. Habrá temporadas en las cuales tu agenda estará llena de actividades de servicio, y habrá otras en las que hablar con tu vecina y animarla después de llegar del trabajo será lo máximo que puedas hacer. En todo esto, tu lámpara arde y brilla. Porque lo que Dios pide es fidelidad en los momentos cotidianos y poner en práctica los mandamientos, no una cantidad determinada de proyectos de servicio ni la ejecución perfecta de la tarea. Él te pide ver las necesidades de quienes te rodean y luego usar los buenos dones con los cuales te ha equipado para que tú sirvas a otros como Él te ha servido a ti.

PREGUNTAS PARA REFLEXIONAR

1. ¿Te inclinas más a servir a tu familia o a servir a otros? ¿Cómo se ajustan tus tendencias naturales al llamado de Dios de servir?

2. Tus acciones no te hacen justa. ¿Cómo te libera saber esto para dejar de intentar ganarte el favor o sentirte abrumada por el servicio?

3. ¿Cuáles son algunas maneras específicas en las que puedes ser ejemplo para otros de la vida de servicio de Cristo? ¿Cómo podrías usar ese servicio como un entrenamiento para tus hijos?

EL EVANGELIO Y NUESTRO CUIDADO PERSONAL

Emily

Recién casados, nuestra compra más significativa fue una computadora portátil de primera línea. Era nuestra posesión más costosa aparte de nuestros autos viejos. Poco después de convertirme en dueña de una computadora portátil, empecé a recibir notificaciones de actualizaciones mientras respondía un correo electrónico o hacía alguna compra. Me parecía molesto reiniciar la computadora cuando estaba en plena tarea, de modo que prefería hacer clic en la opción "recordarme mañana".

Los recordatorios se acumularon a lo largo de meses y luego años, hasta que, al final, en vez de ser un simple fastidio hacían el trabajo imposible. Cuando Laura y yo necesitamos grabar un podcast sobre una llamada de vídeo, mi computadora quedó congelada y se apagó. Cuando necesité acceder a Microsoft Word para trabajar en un texto, mi cursor dejó de funcionar. Cuando necesité subir algunas fotografías para un regalo de Navidad, mi navegador emitió un mensaje de error.

Al final, la computadora dejó de funcionar. Era muy probable que nuestra negligencia (quiero decir, *mi* negligencia) en completar las actualizaciones que el sistema sugería con cierta regularidad tuviera que ver con este colapso.

Ocho años después de casarnos compramos otra computadora portátil de primera línea, y esta vez yo estaba decidida a cuidarla debidamente. Así que dos días después, cuando apareció en mi pantalla el aviso "tiene una actualización", yo hice clic en "actualizar ahora", en lugar de "recordarme mañana". Esta nueva perspectiva en mi mayordomía de una computadora me hizo comprender que el mantenimiento que requería el aparato era inevitable.

Desafortunadamente, también he aprendido a la fuerza la misma lección en la maternidad. De manera similar a como traté mi primera computadora, a menudo veo mis necesidades humanas y pienso: "Ahora no tengo tiempo para descansar. Tal vez mañana". Creo que estoy ayudando a mi familia dándoles más de mí en el instante, pero al final soy de muy poca utilidad. Termino siendo como una taza vacía que no tiene más para dar a quienes estoy llamada a servir.

El mensaje de la cultura: Si tan solo tuviera más tiempo para mí

Es sabido por todos que las mamás están agotadas y les vendría bien ocuparse de sus propias necesidades. Sin embargo, el mundo nos dice que nuestras necesidades nacen de las exigencias de nuestro papel. Ganamos "tiempo para nosotras" cuando lavamos los platos, doblamos la ropa, jugamos a los trenes durante horas y renunciamos a nuestros deseos para cuidar de nuestra familia. Necesitamos porque ellos necesitan.

El cuidado personal o "tiempo para mí" abarca el cuidado de nuestra mente, cuerpo y corazón. Puede incluir leer una novela, tomar un baño, hacer ejercicio, salir de compras, mantener un diario de gratitud, hornear, hacer una dieta especial, recorrer tiendas sola, pasar un día en un spa, tomar una siesta, viajar e incluso cultivar un pasatiempo significativo. Algunas estrategias se basan más en necesidades y otras en la comodidad. Los métodos de cuidado personal son muy específicos y varían de una persona a otra.

Nuestros corazones se inclinan a pensar que, si tan solo tuviéramos más "tiempo para nosotras", como contratar más a la niñera para poder completar nuestras rutinas de ejercicios, comer nuestras verduras, ponernos maquillaje, tomar siestas y una buena taza de café en paz, tal vez la maternidad no sería tan dura. Tal vez no nos sentiríamos que nos ahogamos.

Sin embargo, como cualquier madre que intenta encontrar el equilibrio perfecto del "tiempo para mí", me atrevo a decirte que esto puede ser tan esquivo como aferrarse a un puñado de arena. Muchas madres han descubierto que ninguna persona (sin importar cuánto se cuide) puede encontrar un descanso satisfactorio para su alma bajo circunstancias perfectamente programadas.

El mensaje del evangelio

CREACIÓN: Creadas con necesidades

Mientras que nuestra cultura nos dice que necesitamos cuidar de nosotras mismas porque nuestros hijos necesitan de nuestro cuidado, el relato de la creación nos dice que necesitamos cuidado porque Dios nos hizo de esa manera. Adán y Eva tenían una provisión abundante en el Edén y, a pesar de eso, tenían necesidades constantes. Tenían que comer. Tenían que dormir. Necesitaban comunión con Dios y con el otro. Las necesidades existían antes de la caída, de modo que eran parte del buen diseño de Dios. En aquel entonces y en el presente, estas necesidades nos recuerdan nuestras limitaciones: que Dios es Dios y nosotras no. Somos criaturas frágiles con un Creador invencible.

Además de esto, Dios nos creó con una propensión al disfrute. Más allá de la simple satisfacción de nuestras necesidades básicas, Él nos da comida que merece saborearse y relaciones que vale la pena celebrar. La vida tiene momentos de belleza plena. Existe una razón por la cual deseamos tener nuestras necesidades satisfechas *y un poco más.*

CAÍDA: Buscando la manera de satisfacer nuestras necesidades

A pesar de que Dios suplió las necesidades y el placer de su pueblo en el Edén, Satanás encendió una llama de insatisfacción. Cuestionó los límites que Dios dispuso y animó a Eva a volverse como Dios en su sabiduría y conocimiento.[1]

Cuando pecaron, desobedeciendo a Dios por querer estar en su lugar, Adán y Eva experimentaron un sentimiento completamente nuevo: la necesidad de encubrir. En su afán de satisfacer sus propias necesidades idearon ropas exiguas con hojas de higuera y se escondieron de Dios avergonzados.[2] Pero, como ocurriría en el caso de todos los futuros pecadores, el cubrimiento completo iba a exigir el derramamiento de sangre inocente.[3] Y solo Dios podía hacer eso.

Somos como Adán y Eva en su pecado cuando en nuestro orgullo tratamos de vivir según nuestras limitaciones señaladas. Tratamos de ser como Dios, con sabiduría ilimitada, autosuficiencia, sin dormir y sacrificándonos

---

[1] Génesis 3:5.
[2] Génesis 3:7.
[3] Génesis 3:21.

como superhumanos por nuestros seres queridos, pensando que de algún modo somos diferentes a los demás. O tal vez somos como Adán y Eva, al intentar buscar soluciones a nuestras necesidades y deseos al margen de la provisión de Dios. Desechamos el solaz que ofrece el descanso del alma echando mano a toda clase de mecanismos de defensa: comer dulces, citas en la peluquería, entrenamiento en el gimnasio. En vez de disfrutar de las cosas como regalos del Señor, los vemos como posibles soluciones para nuestro agotamiento más profundo.

Lo cierto es que con la comida no podemos alcanzar el nivel de satisfacción del alma, y no podemos vestirnos lo bastante bien para aparecer libres de culpa delante del trono. Incluso si pudiéramos ser saludables y felices en esta vida, nuestros esfuerzos nunca pagarían nuestra deuda eterna por nuestro pecado contra Dios ni nos darían vida eterna.

REDENCIÓN: Necesidades satisfechas en Cristo

En la tentación de Jesús en el desierto, Satanás tergiversó una vez más la Palabra de Dios, con la esperanza de que Jesús aceptara la solución fácil para satisfacer sus necesidades. Aunque Jesús estaba hambriento y cansado, Él creyó y obedeció a Dios, confiando en la provisión de su Padre.[4]

En su vida y ministerio, Jesús dejó un ejemplo para el cuidado personal enmarcando todas sus necesidades y deseos humanos en el contexto de la voluntad de su Padre. Jesús tomó descansos y sacó tiempo para comer con amigos, dormir en paz, tener comunión con Dios y disfrutar el compañerismo de las personas. A veces confundió a sus discípulos que iban a buscarlo cuando al parecer había más trabajo pendiente.[5] ¿Por qué pudo Jesús descansar cuando parecía que necesitaba trabajar? Porque confiaba en Dios.

Y, a veces, Jesús confundía a sus discípulos sirviendo a otros, cuando era Él quien debía ser servido. Incluso cuando Jesús estaba hambriento, incómodo o exhausto, se agachó para lavar los pies de las personas o puso sus manos sobre alguien que sufría. ¿Por qué Jesús era capaz de renunciar a sus derechos cuando parecía que necesitaba un descanso? Porque confiaba en Dios.

Vemos a Jesús cumplir continua y fielmente la voluntad del Padre dentro de las limitaciones de un cuerpo humano.

---

4 Mateo 4:1-11.
5 Marcos 1:35-39.

Jesús nos muestra que el cuidado personal no es una cuestión de equilibrio perfecto, felicidad terrenal, tener todo lo que queremos ni aferrarnos a esta vida. Antes bien, se trata de perder nuestras vidas en obediencia fiel. Podemos seguir su ejemplo y volvernos a Él en lo que respecta a nuestras necesidades básicas y deseos de belleza, porque Él entiende y nos ha dado un Ayudador.

CONSUMACIÓN: El descanso pleno y definitivo está por venir

Algún día, cuando el reino de Dios llegue a su plenitud, no nos sentiremos abrumadas por las necesidades de niños pequeños, las grandes montañas de ropa o nuestra falta de sueño. No nos sentiremos tristes por las oportunidades que perdimos para hornear hogazas de pan fresco o cultivar el jardín. Antes bien, descansaremos porque no tenemos razón alguna para ocultarnos del trono. Al tener satisfechas en Cristo nuestras necesidades más profundas, y experimentar las dichas más excelsas en Él, alabaremos a Dios para siempre.

El cuidado personal: planeado, pero no infalible

En mi transición de cuatro a cinco hijos, pensé por un momento: "Ya sé cómo manejar esto". A partir de mi experiencia previa, sabía que necesitaba un plan para administrar bien mi mente, mi cuerpo y mi corazón para el servicio a Dios. Sin embargo, muchas veces y de muchas maneras, tropecé.

En los primeros meses, traté de pasar por alto mis necesidades. Podía ducharme, cuidar a mi bebé, estar con mis hijos gran parte del día, llevar a mi hijo a sus terapias, completar mi estudio bíblico, trabajar en el ministerio Maternidad Redimida, hacer voluntariado en la iglesia y quedarme hasta tarde viendo Netflix con mi esposo… todo esto con falta de sueño. Yo sabía que esto no era sostenible, pero pensé: "Mañana será otro día. Echaré mano a la ayuda de Dios cuando esté más cansada".

Al cabo de varios meses, empecé a sentirme abrumada. Soñaba despierta acerca de una vida más fácil en la que pudiera pasar más tiempo haciendo lo que quería y menos tiempo cambiando pañales, lavando platos e instruyendo a pequeños pecadores. Me preguntaba si era preciso fingir una enfermedad solo para poder descansar un poco más.

Así que, después de darme por vencida, mi esposo y yo nos comprometimos a ejecutar un nuevo plan. El plan consistía en que yo hiciera más ejercicio, comiera mejor, sacara tiempo los fines de semana para descansar, recibiera ayuda en el cuidado de los niños y matriculara a los mellizos en un preescolar. Iba a aceptar soluciones prácticas de ayuda en el hogar y a dedicar tiempo a leer mi Biblia en silencio. En aquel entonces también hice a un lado nuevas oportunidades para servir en la iglesia, proyectos caseros no esenciales y la preparación de comidas elaboradas.

Todo esto ayudó durante un tiempo. Me sentí mucho mejor, menos irritable con los niños, más feliz, y más alegre y esperanzada. Entonces vinieron unas semanas difíciles. A causa de una enfermedad crónica, viajes, clima y trabajo, mi organizada rutina de cuidado personal se derrumbó. En algún punto pasé casi cinco días sin salir de casa ni abrir mi Biblia. Necesitaba encontrar una manera de gozarme y descansar en medio de las situaciones difíciles.

En ese tiempo aprendí algunas lecciones esenciales acerca del cuidado personal y de los problemas que enfrentamos como madres:

Con frecuencia, el orgullo nos impide buscar a Dios en nuestra necesidad. Mi actitud autosuficiente me llevó a desconocer mis limitaciones, pero Dios es poderoso para "hacer que abunde en [mí] toda gracia" y para que yo pueda hacer su obra.[6] Podemos acudir a Él en nuestra necesidad, humildad y debilidad.

Las estrategias de cuidado personal son limitadas. Unas vacaciones largas habrían sido de utilidad (como prometían mis sueños despierta), pero ¿por cuánto tiempo? Dedicarme más a mis pasatiempos me habría permitido gozar de tiempo libre adicional, pero esos efectos son pasajeros. Siempre vamos a necesitar más cuidado personal, y nuevas formas y tipos de él. Dios provee la única fuente ilimitada de refrigerio en Cristo.

No podemos solucionar nuestra esperanza de felicidad con estrategias de cuidado personal. Hay enfermedad, a veces los esposos tienen que trabajar de más, las nubes traen nieve, las niñeras cancelan y las personas nos necesitan. En esos tiempos, y cuando estamos completamente agotadas, ¿qué debemos hacer?

La esperanza se encuentra en el Cristo infalible

Del mismo modo que las instrucciones de cuidado de mi computadora portátil no garantizan que mi aparato siempre funcione bien, las estrategias de cuidado personal no nos aseguran una vida fácil. Las computadoras fallan

---

[6] 2 Corintios 9:8.

DIOS CUIDA DE
NOSOTRAS CUANDO
NO PODEMOS
CUIDARNOS A
NOSOTRAS MISMAS

a causa de virus y los daños provocados por un líquido derramado. Pueden salir directo del fabricante con defectos internos. Nosotras, como participantes de la gran historia de la redención (no las autoras de ella), no tenemos control sobre todos los factores que influyen en la salud física, espiritual y emocional. A pesar de nuestra falta de control sobre las circunstancias, Dios nos ofrece descanso en el aquí y ahora de nuestra vida por medio de Cristo.

Uno de los ejemplos bíblicos de esto es la vida del apóstol Pablo cuando enfrenta agotamiento y desaliento en su ministerio. Él escribe acerca de su experiencia (una que contrastaría con todas nuestras modernas expectativas maternas sobre aquello que creemos que necesitamos para ser felices y recibir cuidados):

> Pero tenemos este tesoro en vasos de barro, para que la excelencia del poder sea de Dios, y no de nosotros, que estamos atribulados en todo, mas no angustiados; en apuros, mas no desesperados; perseguidos, mas no desamparados; derribados, pero no destruidos; llevando en el cuerpo siempre por todas partes la muerte de Jesús, para que también la vida de Jesús se manifieste en nuestros cuerpos (2 Corintios 4:7-10).

Como frágiles vasos de barro, nuestra esperanza no está en nuestra rutina ideal de cuidado personal ni en la satisfacción completa de nuestras necesidades, sino en el tesoro que llevamos: Cristo en nosotras. Solo en Él podemos soportar el momento presente con gozo en lugar de desesperanza, con seguridad en vez de temor. Dios promete que, a pesar de que las cosas sean difíciles en esta vida con incesantes exigencias y luchas, Él nos sostendrá con lo más importante para manifestar su poder sin igual.

Él permite la dificultad en nuestras vidas para que podamos revelar la vida de Jesús en nuestras circunstancias cotidianas. Cuando los niños lloriquean por cualquier cosa, cuando no hemos hecho ejercicio en semanas, cuando ni siquiera podemos recordar lo que es una "amiga", cuando no hemos tenido un corte de cabello en un año, cuando nuestra pila de libros para leer llega hasta el techo, cuando nuestro esposo llega a casa después de las 11:00 de la noche, cuando nuestro bebé se despierta cinco veces cada noche, o cuando sentimos que no conseguiremos afrontar un día más, podemos cantar el himno "Encontré salvación" con un corazón sincero. Podemos hacer lo que nos hace más felices, que es vivir en obediencia a Dios mientras amamos a nuestro prójimo en su nombre, incluso (y especialmente) cuando eso significa abandonar algo que nos gustaría tener para darnos gusto.

En muchos casos, el cuidado personal es sabio, bueno e importante. Sin embargo, solo el cuidado de Dios y su poder sustentador puede formarnos en la imagen de Cristo por medio del Espíritu Santo, con o sin estrategias de autocuidado. Ya sea que vivamos como Pablo en una prisión (sufriendo y batallando por el evangelio), como cristianas perseguidas en la era moderna, o como madres cansadas en una etapa difícil de la vida, Dios cuida de nosotras cuando no podemos cuidarnos a nosotras mismas. Él ve el final. Él nos da descanso ahora, y esperamos un descanso definitivo, mejor y más verdadero que está por venir.

> *Si piensas que podrías estar luchando con depresión postparto, desorden obsesivo-compulsivo posparto, desorden de ansiedad, o algo similar, por favor cuéntale a alguien y busca ayuda profesional.*

PREGUNTAS PARA REFLEXIONAR

1. ¿Cuál es tu versión ideal de cuidado personal? ¿Tu vida tiene suficiente margen que te permita disfrutar de ello ahora mismo? Si no, ¿qué barreras enfrentas?

2. ¿Cómo reaccionas cuando tus estrategias de cuidado personal fallan? ¿Qué revela esto acerca de tu corazón? Si rara vez dedicas tiempo al descanso o al cuidado personal, ¿qué podría revelar esto acerca de tu adoración y tus creencias?

3. A pesar de que no tengas tiempo para los métodos tradicionales de cuidado personal, ¿te has detenido a orar y a confiar a Dios tus necesidades más profundas? ¿Cómo te está sosteniendo Él?

EL EVANGELIO Y NUESTROS HIJOS DIFERENTES

Laura

Algunos momentos se congelan en el tiempo y es imposible olvidarlos. En mi caso, uno de esos ocurrió en el pequeño consultorio médico repleto de papeles, gráficos, tablas, susurros, pausas largas, cinco adultos y un bebé. Mi bebé.

—¿Va a caminar? —pregunté.

—Podemos abrigar esperanzas —respondió el médico de cabecera.

—¿Va a hablar? —pregunté.

—Podemos abrigar esperanzas —repitió.

—Simplemente no tenemos ni idea de cómo se desarrollará —añadió un asesor genético.

Yo miré a mi hija, que dormía en mis brazos. No se me ocurría qué decir. Yo sabía que debía hacer preguntas, pero no sabía qué preguntar. Entonces opté por ocultar mis lágrimas y me puse a ajustar su manta y a acariciar la tela rosada con estampado de flores que cubría sus pequeñísimas piernas. Mi esposo hizo algunas preguntas adicionales, pero básicamente nos sentamos ahí en silencio, en las incómodas sillas de plástico, atónitos y consternados.

Mientras íbamos en el auto de regreso a casa, llamamos a los miembros más cercanos de nuestra familia que habían orado por la cita médica. Recogimos a nuestros hijos mayores que estaban en casa de una amiga. Preparé la cena. Aunque sentíamos que nuestros corazones estaban destrozados, seguimos adelante con la rutina. Mi esposo acostó a los grandes, yo amamanté a la bebé, miramos un programa en la televisión y lavé los platos.

No podía dejar de pensar en el futuro, me preguntaba qué iba a ser de nuestras vidas. "¿Va a caminar? ¿Va a hablar?". Estas preguntas se arremolinaban en la cabeza como jabón en el agua. Sentía opresión en mi pecho, debilidad en mis piernas, y mi corazón luchaba por encontrar esperanza. Me sentía abrumada de pena y desesperanza por mi hija, por mi familia, por mí. Mientras caían mis lágrimas encima del fregadero, clamé diciendo: "No puedo hacer esto. Te necesito, Dios. ¡No sé qué hacer!".

Nada cambió mágicamente en ese momento. Seguía sintiendo aflicción e incapacidad. Todavía tenía muchas preguntas. A pesar de que olas de temor y angustia azotaban mi corazón, me aferré a la esperanza del evangelio.

El mensaje de la cultura: Tú eres la única esperanza

Ninguna mujer llega a ser madre con la expectativa de que su hijo tenga discapacidades, problemas de salud ni de comportamiento. Ninguna madre espera que su hijo requiera intervención médica. No obstante, muchas mamás van a enfrentar noticias inesperadas acerca de su hijo. Para algunas mujeres, el diagnóstico explica al fin sus preguntas e inquietudes, y casi supone un alivio. Pueden saber a qué se enfrentan y encontrar respuestas. Para otras, es lo que menos esperaban oír, y quedan paralizadas sin saber qué hacer.

En cualquier caso, enterarte de que tu hijo es diferente, ya sea porque necesita un dispositivo auditivo o lentes por primera vez, porque le han detectado una alergia a un alimento o un desorden del procesamiento sensorial, por el diagnóstico de un retraso en el desarrollo o discapacidad, la experiencia puede ser difícil, dolorosa e incluso desoladora.

El mundo consuela a las madres instándolas a agradecer que viven en el siglo XXI y tienen acceso a cuidado médico avanzado. Ya sean lentes o una silla de ruedas, una simple cirugía facial o una cirugía vital a corazón abierto, si tienes suficiente dinero, conexiones y motivación, puedes cambiar lo que sea que el futuro te depare gracias a la tecnología y a médicos y terapeutas capaces.

El mensaje de la cultura es: "Pon tu esperanza en tu equipo asistencial. Ellos saben qué hacer".

Además de buscar la mejor atención médica posible, las mejores madres son "mamá osas". Una mamá debe ser la mayor defensora de su hijo. Investigar a fondo en la Internet y seguir investigando hasta convertirse en expertas en las necesidades específicas de su hijo. Ajustar su dieta, usar aceites especiales, probar un nuevo estudio clínico, hacer en casa terapias caseras diariamente. Probar nuevos equipos médicos, administrarles vitaminas especiales cada mañana y asegurarse de masajear las partes correctas de sus pies.

El mundo te dice: "Tú eres su esperanza. La condición y el desarrollo de tus hijos son el reflejo directo de tus capacidades".

La presión que experimentan los padres para que sean la respuesta a la necesidad de su hijo es abrumadora. Ningún ser humano puede mantener ese ritmo, y aún así a las madres se las sigue presionando para que crean la mentira de que, si ellas descubren el problema a tiempo, si ellas proporcionan los cuidados con diligencia, si ellas se esfuerzan lo suficiente, pueden controlar la trayectoria futura de sus hijos. Nuestra esperanza, ligada a nuestros esfuerzos imperfectos, a médicos imperfectos y a circunstancias imperfectas, se apaga o se enciende conforme al desarrollo de nuestro hijo. Algunas veces nos sentimos emocionadas, otros días nos sentimos desconsoladas. La mayoría de los días son una mezcla de ambos.

Debemos estar agradecidas por médicos y terapeutas brillantes, apreciar los asombrosos avances de la medicina y de los equipos médicos de los últimos años, y ser firmes defensoras de los niños que tenemos bajo nuestro cuidado. Aun así, no podemos controlar el futuro de nuestros hijos. Cuando recibimos un diagnóstico difícil, se nos dice que pongamos nuestra esperanza en nuestras propias habilidades, o en las habilidades de otros. Sin embargo, como seres humanos limitados, fallaremos.

El evangelio nos ofrece una esperanza mejor. Una esperanza que no descansa en nuestros propios méritos ni capacidades. Es una esperanza que alimentó a los 5.000 con solo cinco panes y dos peces. Que hizo caminar a los paralíticos. Que sanó vientres estériles. Que partió el mar en dos. Que resucitó huesos secos y les dio vida. Que cuida al ave más insignificante. Es una esperanza que alza nuestros ojos más allá de la visión de nuestra cultura para ver la historia gigantesca que se está escribiendo.

El mensaje del evangelio

CREACIÓN: Vivir con la Fuente de la esperanza

Cuando Dios creó a los primeros seres humanos, sus cuerpos fueron formados a la perfección.[1] La presión sanguínea era estable, los latidos del

---

[1] Génesis 1:27.

corazón perfectamente sincronizados, los huesos eran fuertes y rectos, y las sinapsis del cerebro transmitían la información sin ninguna interferencia. La discapacidad, la enfermedad y la atención médica no existían, porque Adán y Eva gozaban de cuerpos perfectamente capaces, trabajaban y descansaban en el huerto sin contratiempos.

En el Edén, nuestros primeros padres tenían comunión diaria con el Creador y Sustentador de sus cuerpos. Caminaban y hablaban con su fuente de esperanza, confiados en Dios, en sus caminos y en la vida que Él había dispuesto para ellos.

CAÍDA: Vida sin esperanza

Cuando Adán y Eva pecaron fueron expulsados del Edén. Mientras el querubín y la espada encendida rodeaban el huerto,[2] Dios lanzó a Adán y a Eva a una vida de dolor, trabajo y lucha.[3] Por primera vez, ellos experimentarían el dolor de una rodilla lacerada, la pérdida de la vista con el envejecimiento y el contagio de una tos gripal.

La caída sacó a la luz la fragilidad del cuerpo humano. Con ella vinieron las enfermedades, las dolencias, las disfunciones y las discapacidades. A veces aparecen desde el momento de la concepción, a veces se desarrollan con el tiempo, a veces aparecen en un instante. Sin importar cómo vengan, los efectos de la caída son evidentes.

Al igual que Eva comió del fruto para buscar una esperanza mejor que su Dios, nosotras buscamos esperanza dondequiera que podamos encontrarla porque dudamos que un buen Dios pueda permitir el sufrimiento. Por lo general, abrigamos esperanza en nosotras mismas, como Eva, ansiosas de controlar el futuro y creyendo que podemos descubrir la sanidad por nosotras mismas. Nos convencemos de que somos la esperanza de éxito para nuestro hijo. Entonces desenfundamos nuestras espadas y nos preparamos para la batalla, listas para pelear hasta la muerte (o hasta vaciar la cuenta bancaria y agotar las opciones). En el proceso, cruzamos los dedos y esperamos lo mejor. El progreso tiene altibajos. Cuando se atiende un problema, aparece otro. A veces no hay solución, de modo que aprendemos a vivir de otra manera.

Puesto que nuestra esperanza está en arena movediza, nuestros corazones

---

[2] Génesis 3:24.
[3] Génesis 3:23.

están en una agitación continua, nos debatimos entre la pena y la dicha, nuestra actitud y nuestra perspectiva dependen de apuntar a un blanco que no para de moverse. Estamos cansadas, frustradas y sin gozo. No podemos garantizar nuestros mejores esfuerzos, ni la mejor atención médica, ni siquiera en el progreso de nuestro hijo, y no tardamos en empezar a sentir que en esta vida no tenemos esperanza.

REDENCIÓN: Una esperanza viva

En medio del suceso más desolador para toda la humanidad, que fue el rechazo de Dios por parte de Adán y Eva, Dios ofreció esperanza. Cuando maldijo la tierra, Dios incluyó una promesa, una frase premonitoria que lo cambia todo: "Y pondré enemistad entre ti y la mujer, y entre tu simiente y la simiente suya; ésta te herirá en la cabeza, y tú le herirás en el calcañar".[4]

Esperanza. No para materializarse en ese momento, sino una promesa para el futuro. Dios no quitó al instante los efectos de la caída, rescatándolos de inmediato. Ante bien, se toma su tiempo para soplar vida en algo que está muerto. Él sacó a Adán y Eva del huerto, permitiéndoles vivir y sentir las dolorosas repercusiones de la caída. Con el tiempo, ellos se aferraron a la promesa de Dios de que un día un hijo de Eva aplastaría a Satanás y el pecado.

Adán y Eva nunca conocieron a su Rescatador en su vida sobre la tierra, ¡y Adán vivió más de 900 años![5] Sin embargo, vivieron con la esperanza en la promesa de Dios de redimirlos. Cada noche cuando veían ponerse el sol en el oeste, hacia Edén, probablemente lloraban su vida pasada. Pero no lloraron sin esperanza. Ellos creyeron y confiaron que un día iban a regresar a un Edén mejor.

Su esperanza no fue una esperanza vaga, una ilusión, un quizás, sino una esperanza segura y confiada de que algo *iba a suceder* en el futuro. Su esperanza era una persona, pero no cualquier persona; era una esperanza en una persona perfecta, Jesucristo. A este lado de la cruz sabemos que Él vino y cumplió la profecía que escucharon Adán y Eva, aplastando la cabeza de la serpiente con su muerte y su resurrección al tercer día[6]. Todavía vivimos en el intermedio, esperando la consumación definitiva del plan de Dios, cuando

---

[4] Génesis 3:15.
[5] Génesis 5:3-4.
[6] Génesis 3:15.

entraremos en un paraíso más perfecto que el Edén. Por ahora, vivimos hoy con la esperanza de que esta vida no lo es todo. Hay un propósito más grande para lo que experimentamos aquí.

CONSUMACIÓN: Vida eterna con esperanza eterna

Algún día viviremos otra vez con nuestra Esperanza. Cuando Dios traiga la restauración de todas las cosas, nunca volveremos a sentir el pesar, el dolor y la aflicción de la caída. "Enjugará Dios toda lágrima de los ojos de ellos; y ya no habrá muerte, ni habrá más llanto, ni clamor, ni dolor; porque las primeras cosas pasaron".[7] ¡Vaya promesa que infunde esperanza!

En aquel día, todas las discapacidades y diferencias serán sanadas por completo. No habrá más medicamentos, cirugías, terapias ni citas médicas. No habrá más temores en la noche acerca de cómo los otros niños van a aceptar a tu hijo, ni estarás preocupada si lo que haces, lo que dices, lo que pagas, es suficiente. Ya no tendrás que sopesar las opciones disponibles de tratamiento médico ni los posibles efectos secundarios. No habrá más necesidad de médicos ni enfermeras, porque el Gran Sanador caminará entre nosotros.

Esperanza en el propósito, no en la causa

"Yo... confieso que sí comí sushi una vez cuando estaba embarazada. Y ese fue el primer embarazo en el que usé una almohada especial. ¿Pudo eso ser la causa?", susurré en actitud dubitativa a mi esposo, exprimiendo el cerebro pensando cómo era posible que mi hija hubiera terminado con un diagnóstico tan extraño. Hice lo mismo cuando le recetaron lentes a mi hijo, cuando tuvo varias cirugías y terapias para sus ojos, y cuando supimos que tendría problemas de vista toda la vida. Y lo hice cuando mi hijo del medio experimentó un retraso en el habla y nos enteramos de que tenía problemas auditivos.

"¿Qué hice mal?".

"¿Es mi culpa?".

"¿Cómo sucedió esto?".

"*¿Por qué* sucedió esto?".

Sin importar cuándo o cómo sucedió, saber que tu hijo será diferente a sus

---

[7] Apocalipsis 21:4.

compañeros en el desarrollo es algo que produce dolor, angustia y el clamor desesperado de una madre que pregunta: "¿Por qué, Dios? ¿Qué hago ahora?".

Esta pregunta es normal, y está bien hacérsela a Dios. La Biblia no elude estas preguntas difíciles. Eso me consuela en gran manera.

Los discípulos incluso preguntaron esto con respecto a un hombre ciego: "¿Quién pecó, este o sus padres, para que haya nacido ciego?".[8] Ellos dieron por hecho que debió ser el pecado del hombre, o el de sus padres. Con toda seguridad era culpa de alguien. Sin embargo, Jesús dijo algo inesperado: "No es que pecó éste, ni sus padres, sino para que las obras de Dios se manifiesten en él".[9] En esencia, Él les dice a sus discípulos: "No es por causa del pecado de ellos. Ahora dejen de concentrarse en la causa y empiecen a enfocarse en el propósito".

"¿Por qué sucedió esto?".

Para que Dios se glorifique.

Si eres madre y enfrentas los desafíos de un niño diferente, hay un propósito en ello: Dios obra en la vida de tu hijo y por medio de esos desafíos para manifestar su gloria, y Él obra en ti también. Las "obras de Dios" no solo se manifiestan en la persona que es diferente; las obras de Dios también se manifiestan a través de ti en tanto que la cuidas en el día a día. Cuando manifiestas misericordia al arrullarla por séptima vez en medio de la noche. Cuando eres paciente y amable frente a comportamientos erráticos e inusuales en público. Cuando declaras la gracia de Dios en tu vida cada vez que alguien te pregunta cómo logras sobrellevarlo.

La manera en que respondes e interactúas con la discapacidad, la enfermedad o la conducta de tu hijo tiene un significado más profundo. En el proceso de asimilar y enfrentar un diagnóstico con esperanza en Dios, en medio de las preguntas, los malentendidos y la angustia, tú manifiestas las obras de Dios frente a la vista de todos los que te rodean, obras que dan vida, infunden esperanza, llenan de gracia, inspiran compasión, reestructuran el corazón, estallan en gloria y repelen el pecado.

Una esperanza que santifica

La dificultad y los cuestionamientos tienen la capacidad de empujar con fuerza la incredulidad, revelando nuestras dudas, nuestros temores,

---

8 Juan 9:2.
9 Juan 9:3.

nuestra amargura y la verdadera naturaleza de nuestra fe. Queremos soluciones rápidas a nuestros problemas, pero Dios nos ofrece soluciones lentas, porque aprendemos despacio. Dios no te pide que cierres tus ojos, que te precipites y esperes lo mejor mientras navegas las profundas aguas del cuidado de tu hijo. Tampoco te promete que hará desaparecer los océanos que tienes por delante. En cambio, promete que estará contigo siempre. "No temas, porque yo estoy contigo".[10]

Batallar y soportar con paciencia producen santificación. Nos obligan a mirar más allá de nosotras mismas y de nuestras circunstancias y a decidir si realmente creemos que lo que Él dice es verdad:

"Y sabemos que a los que aman a Dios, todas las cosas les ayudan a bien, esto es, a los que conforme a su propósito son llamados".[11]

"Él guarda las almas de sus santos".[12]

"Porque esta leve tribulación momentánea produce en nosotros un cada vez más excelente y eterno peso de gloria".[13]

"Yo soy tu Dios que te esfuerzo; siempre te ayudaré, siempre te sustentaré con la diestra de mi justicia".[14]

"Jamás le negaré mi amor, ni mi fidelidad le faltará".[15]

"Yo hago nuevas todas las cosas".[16]

"Yo hago nuevas todas las cosas". Si eres como yo, ansías el día cuando Dios haga realidad esa promesa para tu hijo. Sin embargo, este debería ser también el clamor de tu corazón para ti misma. Así como tu hijo tiene una necesidad más profunda que su discapacidad, tú tienes una necesidad profunda de sanidad para tu corazón. Con frecuencia nos sentimos tentadas a poner nuestra esperanza en el progreso de una terapia, en una nueva estadística, en nuestra diligencia en la búsqueda de atención médica, o en la administración de los medicamentos. Pero gracias a Cristo, nuestra esperanza puede al fin descansar en nuestro Dios inmutable, en su plan perfecto y en la fidelidad de su Palabra.

Predícate a ti misma esta verdad cada día. Justo cuando piensas que lo

---

[10] Isaías 41:10.
[11] Romanos 8:28.
[12] Salmo 97:10.
[13] 2 Corintios 4:17.
[14] Isaías 41:10.
[15] Salmo 89:33 (NVI).
[16] Apocalipsis 21:5.

MIENTRAS ESPERAMOS,

ESPERAMOS CON ESPERANZA

tienes todo resuelto, olvidas. Puesto que eres humana como yo, sé que tienes una memoria limitada. Cuando te despiertes, recuérdate a ti misma la historia. Recuérdate a ti misma quién es tu Roca eterna. Recuerda la columna de nube y de fuego. El alfarero. La zarza ardiente. El jinete del caballo blanco. Repite para ti misma el mensaje del evangelio cuando enfrentes nuevos desafíos, descubras nuevas preguntas, celebres nuevos logros y experimentes nuevas dificultades.

Dondequiera que te encuentres en el viaje con tu hijo, aférrate a la esperanza verdadera y duradera, y cree en las promesas de Dios. Aun cuando no entiendas, recuérdate a ti misma que hay un propósito más grande en acción. Confía en el proceso largo de Dios de hacerte crecer en la fe mientras imprime lentamente verdad en tu alma. Haz manifiestas las obras de Dios delante de quienes te rodean, viviendo por la fe y con esperanza en la gran historia de Dios que va a completarse, sabiendo que el sol no se pondrá para siempre en el Edén.

Mientras esperamos, esperamos con esperanza.

PREGUNTAS PARA REFLEXIONAR

1. Si eres madre de un niño diferente, ¿en qué acostumbras poner tu esperanza? Si eres amiga de una madre en esa situación, ¿en qué la animas a poner su esperanza? ¿Se conforma esto al mensaje del evangelio acerca de dónde poner nuestra esperanza?

2. Dios promete usar nuestro sufrimiento para nuestra santificación y para acercarnos más a Él. ¿De qué modo te infunde esto esperanza y te anima cuando recibes un diagnóstico desalentador? ¿De qué maneras Dios te está haciendo nueva?

3. ¿De qué manera te invita el evangelio a manifestar las obras de Dios delante de quienes te rodean usando tu situación particular para mostrar el gozo profundo que tienes en Cristo?

EL EVANGELIO Y NUESTRAS ELECCIONES ESCOLARES

Emily

Con la imagen perfecta de nuestra familia en mi mente y el currículo de escuela en casa sobre la repisa, pensé que tenía los siguientes veinte años perfectamente organizados. Educar en casa sería un camino difícil, pero si estábamos lo bastante comprometidos podíamos hacerlo funcionar. ¿No es así?

Tan solo un año después, la dirección de Dios para nuestras vidas había desarmado mis planes. Después de una mudanza estresante, de un diagnóstico desalentador de nuestra hija menor, en plena crianza de dos pequeños mellizos bulliciosos y el embarazo avanzado de nuestro quinto hijo, descubrí mis limitaciones. En aquellos días fue imposible concentrar nuestro tiempo en las labores escolares. Hicimos nuestro mejor esfuerzo para educar fielmente a nuestros hijos en la verdad según nos ha encomendado Dios en su Palabra, pero no sentía que fuera suficiente cuando no seguíamos el plan exacto de escuela ideal.

Cuando mi esposo propuso enviar a nuestro hijo mayor al kindergarten, al principio rehusé. Me preocupaba que enviarlo a una escuela significara encaminarlo en una vía equivocada para el resto de su vida.

Mi esposo sonrió amablemente. "Necesitamos ayuda el próximo año. Valoremos cada año lo que debemos hacer".

Me costó mucho la decisión y me sentí culpable, pero curiosamente no fue porque la escuela fuera una opción mala (¡era una escuela excelente!)

sino porque eso significaba un cambio de planes y me haría ver débil y avergonzada delante de otras mamás. Me costó porque yo quería demostrar cuán sólida y sabia era mi crianza perseverando en esta decisión, aun cuando era difícil. No me preocupaba nuestra elección escolar; me preocupaba mi propia justicia.

El mensaje de la cultura: Tus elecciones escolares determinan el futuro

Cuando sopesamos elecciones escolares (cuando podemos darnos el lujo de elegir), a menudo enfrentamos una gran disyuntiva. Las señales en el camino parecieran apuntar a lugares diferentes.

- Envía a tu hijo a esta escuela y lo encaminarás hacia las universidades de elite, un ingreso de seis cifras y una carrera profesional destacada.

- Envía a tu hijo a aquella escuela y tendrá grandes oportunidades para evangelizar, irá a una universidad estatal y conseguirá un trabajo en su ciudad de origen.

- Educa a tu hijo en casa y desarrollará gusto por aprender, una vida piadosa y tendrá un futuro como miembro fiel de una iglesia local.

Por supuesto que estas descripciones son estereotipos. Todas vemos diferentes caminos con diferentes resultados, pero la ilustración es válida. Nos imaginamos que enviar a nuestros hijos por el camino correcto nos garantiza el control de su destino. También nos gusta creer que es imposible cambiar de ruta, y que algunos caminos (tememos) pueden conducir a un precipicio.

Nuestras propias experiencias de vida, nuestra comunidad y los mensajes del mundo refuerzan esta mentalidad. Echamos un vistazo por el vecindario y vemos que nuestros vecinos acompañan felizmente a sus hijos hasta la parada del autobús y tememos que nuestros hijos educados en casa se estén perdiendo algo importante. Cenamos con nuestras amigas que educan en casa y nos sentimos tristes por nuestra elección de tener a nuestros hijos en la escuela pública, cuando oímos acerca de todo el tiempo que pasan juntos como familia. Forzamos nuestras finanzas con la esperanza de que, si logramos meter la escuela privada de nuestros sueños en el presupuesto, la vida de nuestro hijo quedará organizada para siempre. Rememorar nuestra propia infancia nos recuerda cómo esta o aquella experiencia escolar determinó nuestras amistades, nuestra fe y nuestro futuro. Nos engañamos pensando que existe una fórmula especial para evaluar todas las posibilidades, girar la ruleta e inventar una solución infalible para nuestros hijos. Con tanto peso en la decisión particular de la educación de nuestros hijos a veces olvidamos la soberanía de Dios en medio de todo.

El mensaje del evangelio

CREACIÓN: Dos caminos

En el principio creó Dios los cielos y la tierra.[1] Todo lo que Él dijo, fue hecho.[2] Nadie le enseñó, nadie le explicó la ciencia ni le proveyó los materiales. Él no necesitó una sabiduría ni revelación especiales. Del Dios trino y de nadie más nacieron las ideas, los recursos, el poder y el producto, y de inmediato vemos que Dios tiene todo el conocimiento y es Señor de todo el conocimiento. Él ve las mejores decisiones que conducen a los mejores resultados. No hay nada que una criatura suya pueda enseñarle.

Adán y Eva fueron creados como parte de este mundo y como portadores de la imagen del Dios que esgrime su conocimiento para lograr sus fines. Él pone delante de Adán y Eva dos caminos, mostrándoles el camino a la vida o a la muerte.[3]

CAÍDA: El camino del orgullo y del control

Eva, tentada por la serpiente a controlar su propio destino, comió del fruto prohibido. En vez de tomar el camino de la vida que le ofreció Dios, optó por desafiarlo y trató de vivir al margen del camino de Dios.[4] Cuando se dio cuenta de que había desafiado el camino de Dios para su vida, se ocultó con Adán avergonzada.[5]

Su orgullo, su deseo de lograr ocupar el lugar de Dios, de volverse como Él en conocimiento y poder, nos persigue hasta hoy. Así como Eva quiso controlar su vida, nosotras deseamos controlar nuestras vidas y las de nues-

---

[1] Génesis 1:1.
[2] Génesis 1:3.
[3] Génesis 2:15-17.
[4] Génesis 3:4-6.
[5] Génesis 3:10.

tros hijos. Creemos que si nos paramos en la intersección de la elección escolar podemos sopesar todos los factores y escoger el camino que les dará vida. Impulsamos su educación para que logren una posición social, estatus, poder, estabilidad financiera y a veces incluso su salvación.

Si no podemos enviar a nuestro hijo a la escuela ideal, nuestros corazones llenos de vergüenza se llenan de ansiedad. A veces nos sentimos avergonzadas porque mientras que las otras madres evalúan todas sus opciones, nuestro presupuesto y trabajo limita las nuestras. Nuestra inseguridad también puede llevarnos a lanzar juicios sarcásticos contra las familias que pueden dar a sus hijos la educación que nosotras querríamos para los nuestros. Esperamos que la elección escolar no importe *tanto*, a fin de cuentas, son niños y todo saldrá bien si tenemos buenas intenciones. ¿No es así?

O, cuando *podemos* proveer a nuestros hijos el tipo de educación que preferimos, nuestra inclinación es a juzgar en otra dirección, pensando que, si otros padres lograran asumir sus responsabilidades y se esforzaran más, se interesaran más, se sacrificaran más (como nosotras), estarían en el mejor camino (el nuestro). Quizá solo necesiten dejar sus trabajos, exigirse más económicamente o educarse para proveer ellos mismos los cuidados que sus hijos necesitan.

Todas (sin importar cuál sea nuestra filosofía educativa) somos propensas a abrigar actitudes pecaminosas en el corazón cuando consideramos las elecciones escolares y evaluamos a otras familias a la luz de nuestros propios estándares. Todas somos propensas a dejar que nuestras elecciones escolares nos den la sensación exagerada de poder y control sobre el futuro de nuestros hijos, incluso cuando, en efecto, estas afectan el futuro.

REDENCIÓN: El camino estrecho

Es grandioso desear un buen futuro para nuestros hijos, del mismo modo que Dios lo desea para sus propios hijos. Él nos da la capacidad de usar la sabiduría conforme el Espíritu Santo nos ayuda a aplicar su Palabra a nuestras circunstancias al tiempo que confiamos en Cristo.

El rey Salomón ilustra el valor de las elecciones sabias en el libro de Eclesiastés, reconociendo que la sabiduría es mucho mejor que la necedad.[6] La sabiduría puede redundar en buenas experiencias, inversiones, relacio-

---

[6] Eclesiastés 2:13.

nes e incluso el disfrute de Dios. Sin embargo, las elecciones sabias tienen limitaciones porque proceden de la mente de pecadores caídos. Nosotras no tenemos la sabiduría y el conocimiento infinitos de Dios, y no tenemos soberanía sobre todos los resultados. El rey Salomón nos recuerda que todos, tanto los que tienen como los que no tienen buena educación, enfrentarán la misma muerte.[7] Incluso él, con el don excepcional de sabiduría humana, anduvo en pecado. Su vida demuestra que en todo debemos interesarnos en seguir el ejemplo de Cristo en la manera como aplicamos la sabiduría.[8]

Las Escrituras nos ayudan a ver que, si bien las elecciones escolares sabias son buenas, ningún método ni institución tiene el poder para enviar a nuestros hijos por el camino correcto para la eternidad. Para ello solo existe una respuesta: Nuestros hijos deben entrar por la puerta estrecha, y nosotras no podemos hacerlos pasar por esa puerta mediante una planificación minuciosa de una vida ideal.[9]

Solo en Cristo nuestros hijos pueden encontrar la vida eterna, verdadera sabiduría, propósito en el evangelio, éxito en el reino y gozo duradero. Nosotras tenemos el privilegio y el gozo de señalarles el camino sin importar qué elección escolar tomemos. Confiamos en el Dios de la creación que dijo y todo fue y que envió a un Salvador para rescatar a su pueblo, para encontrar a sus ovejas y llevarlas al redil.[10] La salvación viene del Señor, y no hay otro nombre (ni elección escolar ideal) dado a los hombres en quien podamos ser salvos.[11]

CONSUMACIÓN: Una esperanza más allá del siguiente año escolar

En Apocalipsis, Jesús nos dice que volverá pronto.[12] Cuando Él venga, Él reunirá a quienes recorrieron el mismo camino que Él anduvo.[13] Algunos santos que estarán con Él para siempre habrán sido educados en casa, algunos habrán asistido a escuelas privadas y otros a públicas, algunos habrán experimentado todas las anteriores. Algunos se habrán educado en universidades de elite y algunos serán analfabetos. Pero todos habrán pasado por

---

[7] Eclesiastés 2:14.
[8] 1 Corintios 2:16.
[9] Mateo 7:13-14.
[10] Juan 10:16.
[11] Salmo 3:8; Hechos 4:12.
[12] Apocalipsis 22:12.
[13] 1 Juan 2:6.

la puerta estrecha de la salvación en Cristo. Este es el camino que realmente importa.

Cuando pensamos en la educación de nuestros hijos, no esperamos nada más que tengan maestros ideales, sino que oramos para que esos maestros (y todos aquellos a quienes encuentren allí) lleguen a ser hermanos y hermanas en Cristo que adoren junto con nosotros en la nueva tierra.

Señalando el camino para nuestros hijos

Este no es un capítulo acerca de cuál método educativo deberías elegir. Puede que hayas planeado enviar a tu hijo a la escuela pública este año, pero en lugar de eso vas a educarlo en casa. O quizá necesites dejar a tu hijo en la escuela local y no cambiar tus planes originales. Puede que tus hijos necesiten participar en diferentes escuelas por diferentes razones. Hermana, sean cuales sean tus circunstancias y cualesquiera sean tus opciones disponibles en este momento, espero que este capítulo te ayude a experimentar libertad y te recuerde la tarea que Dios te ha encomendado.

Respiremos hondo y renunciemos a nuestras espadas, expectativas, temores y presupuestos. Cuando abandonemos las armas, pensemos en la influencia que nuestra cultura familiar, el "conjunto de modos de vida y costumbres",[14] tiene sobre nuestros hijos.

Tus elecciones escolares importan, pero Deuteronomio 6:7 también sugiere que todos los aspectos de la vida forman parte del discipulado:

> Y las repetirás [estas leyes] a tus hijos, y hablarás de ellas estando en tu casa, y andando por el camino, y al acostarte, y cuando te levantes. Y las atarás como una señal en tu mano, y estarán como frontales entre tus ojos; y las escribirás en los postes de tu casa, y en tus puertas.

Nuestra cultura familiar debe educar a nuestros hijos en los caminos del Señor, aunque los niños asistan a la escuela del vecindario donde aprenden matemáticas, ciencias y estudios sociales. De igual manera, nuestra cultura hogareña debería educar a nuestros hijos en los caminos del Señor si ellos

---

[14] *Diccionario de la Real Academia Española*, "cultura", http://dle.rae.es/cultura?m=form.

están con nosotros todo el día aprendiendo matemáticas, ciencias y estudios sociales en la mesa de la cocina.

Tenemos el encargo de ser ejemplo para ellos una auténtica vida en el evangelio, enseñándoles e instruyéndoles con diligencia, perseverancia y esperanza. Debemos hacer esto en diferentes momentos y de diferentes maneras, en la mañana y en la noche, en cada tipo de situación. Tal vez llevemos tarjetas de oración en el auto y oremos de camino a la parada del autobús. O tal vez hablemos con nuestros hijos después de la escuela acerca de los retos del día para ayudarles a aplicar las Escrituras a su situación particular. En algunos casos, podemos juntar a todos rápidamente en la cocina y cantar un breve himno antes del desayuno, o podemos enseñar a nuestros hijos a preparar la mesa de la cena para servir a nuestros vecinos. Podemos dejar que nuestro amor y unidad en el matrimonio les muestren el amor y la unidad entre Cristo y la iglesia.

Nuestra elección escolar puede también ser un medio para este fin, pero tal vez no sea suficiente para alcanzarlo. Debemos ver nuestras vidas, circunstancias, personalidades, presiones y pasiones a la luz de la Palabra de Dios y aplicar sus enseñanzas a nuestra situación. Necesitamos sopesar las oportunidades y las limitaciones de cada opción escolar, y preguntarnos cómo podemos supervisar mejor la educación de nuestros hijos e instruirlos en el evangelio de Jesucristo. Buscamos cultivar en ellos una fidelidad que dependa de Dios e influya en la cultura, y que redunde en una relación auténtica con Jesucristo. Decidimos en fe y luego hacemos los ajustes necesarios.

No estoy segura de cómo decidan ser mis hijos al final. Puede que crezcan y rechacen lo que les enseñemos, o pueda que crezcan y lo abracen a pesar de nuestros numerosos fracasos y errores. Sin importar lo que pase, la misión nuestra como padres es señalarles el camino estrecho hacia Dios de la mejor manera posible bajo las circunstancias que Él nos ha permitido vivir. Es fomentar un amor por la Palabra de Dios en nuestras vidas diarias (sin importar a qué escuela vayan), mostrándoles el camino de salvación y dejando que Dios haga su obra.

La tensión en nuestras elecciones escolares

Los padres cristianos sentimos el peso de nuestro llamado. El peso es que se nos pide enseñar e instruir mentes humanas maleables para que conozcan la gran historia de Dios y la salvación por medio de Jesús. Se espera que instruyamos y disciplinemos a nuestros hijos en obediencia y les ayudemos a ver la diferencia entre sabiduría y necedad. Este trabajo de padres es enorme, duro y real. Nadie va a hacerlo mágicamente por nosotros, y no debemos pasar por alto los mandatos de Dios con una actitud pasiva ni conforme.

El peso de nuestro llamado puede llevarnos a la preocupación extrema por buscar el camino "correcto" en la elección escolar, a menos que reconozcamos que no podemos llevar a cabo nuestro llamado sin Cristo. Cada elección escolar supone peligros y errores que tendremos que balancear y compensar con un razonamiento correcto y experiencias que fomenten el discipulado. Hay peligros y errores en los corazones de nuestros propios hijos. En última instancia, no podemos ablandar sus corazones a la verdad. Pueden parecer que son algo por fuera mientras tienen un corazón que está lejos de Dios en todo lo que les enseñamos. La realidad debe llevarnos a descansar en su gracia.

Jesús es la única persona que reconcilia la tensión que existe entre nuestra responsabilidad y nuestra incapacidad.

Jesús ubica nuestra identidad en el mismo lugar donde Él está a la diestra de Dios, dándonos acceso a un Padre santo que nos ama y nos acepta plenamente. Desde esta perspectiva, podemos ver nuestras decisiones parentales con un suspiro de alivio y gratitud, porque sin importar lo que hagamos el próximo año, ya sea organizar un rincón de la cocina para la educación en casa, unirse a una cooperativa de familias cristianas, contratar a un profesor que forme la mente de nuestro hijo, matricularlo en la escuela cristiana privada de la localidad, buscar una escuela subvencionada o enviarlo a la escuela pública del barrio, estamos con Dios en Cristo.

La realidad de nuestra aceptación debería liberar espacio en nuestro corazón y en nuestra mente para disfrutar el camino educativo de nuestra elección, sabiendo que es imperfecto, como todo en esta vida. Entonces podemos discipular y educar a nuestros hijos con sabiduría, conscientes de que, aunque a veces fallamos, Dios es más grande. No estamos bajo la presión de "acertar en todo o fracasar" porque confiamos en Aquel que lo sabe todo y hace todo bien.

No podemos criar a nuestros hijos conforme a las normas divinas con un sistema particular de escolarización. En cambio, Cristo es suficiente, y Él está presente para ayudarnos a discipular a nuestros hijos, sea cual sea el método de escolarización que elijamos.

JESÚS ES LA ÚNICA
PERSONA QUE
RECONCILIA
LA TENSIÓN QUE
EXISTE ENTRE NUESTRA
RESPONSABILIDAD Y
NUESTRA INCAPACIDAD

PREGUNTAS PARA REFLEXIONAR

1. Imagina el cruce de caminos en la vida de tu hijo. ¿Qué formas de escolarización ves y qué indican las señales de destino (si elijo tal camino, entonces mi hijo será de tal manera)? ¿De dónde provienen estos estereotipos, temores y expectativas?

2. ¿Qué esperanza segura puedes tener cuando desconoces el destino de tu hijo?

3. Sin importar cuál sea tu elección escolar, ¿cómo vas a inculcar el evangelio en la vida cotidiana de tu hijo a fin de que Cristo sea la esencia de la cultura y la atmósfera familiar?

III
¿CÓMO APRENDO A APLICAR EL EVANGELIO EN LA MATERNIDAD?

18

¿SON LOS AÑOS DE CRIANZA AÑOS PERDIDOS?

Emily y Laura

¿Alguna vez has oído acerca de la regla de las 10.000 horas? Algunas investigaciones afirman que puedes volverte experto en cualquier tema si dedicas 10.000 horas al estudio y la práctica. Sin embargo, el psicólogo que planteó originalmente esta investigación dice que no se trata de repetir algo simplemente una y otra vez (como pensamos con frecuencia que significa practicar). Debe ser lo que el psicólogo llama "práctica deliberada".[1] Según esta teoría, las personas con poco o ningún talento o conocimiento de base en un área particular pueden convertirse en los mejores jugadores de golf, músicos, jugadores de tiro libre, de ajedrez y empresarios.

"Práctica deliberada" significa desarrollar habilidades o conocimientos en una nueva área mediante la práctica de lo que sabes y exigirte a ti mismo más allá de tus capacidades. Significa salir de tu zona segura y aprender a vivir con cosas que no entiendes o no sientes que puedes hacer. Incluye estar dispuesto a cometer errores y luego encontrar la manera de resolverlos.

En la práctica deliberada se sigue aprendiendo no a pesar de las dificultades sino por causa de ellas.

Si nos hubieras pedido hace seis o siete años escribir un libro como este, ambas nos habríamos reído. Éramos nuevas en la maternidad y nuevas en la

---

[1] Janie Kliever, "Deliberate Practice: Learn like an Expert", Medium.com, 14 de julio de 2018, https://medium.com/the-crossover-cast/deliberate-practice-learn-like-an-expert-cc3114b8a10e.

aplicación diaria del evangelio. Esta habilidad se percibía como algo difícil, extraño y más allá de nuestra capacidad, y en ocasiones consideramos tirar la toalla. Sin embargo, sabíamos que era esencial en nuestro papel como madres e incluso más en nuestro llamado como creyentes en Cristo. De modo que perseveramos, nos esforzamos por aumentar nuestro conocimiento de la Biblia y la aplicación del evangelio mientras cambiábamos pañales, dejábamos a nuestros niños en el preescolar, en casas de amigos para jugar y en citas médicas.

Lo que sabemos hoy es el resultado de la dedicación en los momentos breves que teníamos disponibles. Lo reconocemos, en nuestros años de maternidad hubo ocasiones en las cuales pasamos más tiempo en Netflix que leyendo la Biblia (especialmente después de la llegada de cada bebé). Con todo, gracias al tiempo dedicado al estudio profundo y la aplicación o práctica deliberada, nos propusimos aprender más acerca de Dios y amarlo más estudiando su Palabra de manera individual y también en comunidad.

Todavía tenemos mucho por aprender (y definitivamente no hemos alcanzado las 10.000 horas del experto), pero estamos agradecidas por lo mucho que hemos logrado, aun cuando el crecimiento parecía tan lento. Este libro es el resultado de muchos años de práctica deliberada intermitente para conocer y entender la Palabra de Dios.

Sin embargo, en nuestra breve experiencia como madres, hemos observado que algunas personas tienden a descartar los años de crianza. Hacen comentarios como: "Está bien que no hayas leído tu Biblia ni hayas completado tu estudio bíblico. ¡Estás ocupada criando niños!". Agradecemos esa expresión de amabilidad, pero estas respuestas dan por hecho que las horas al margen no suman gran cosa. No creen que los pequeños esfuerzos puedan alcanzar un propósito eterno.

Es cierto, a veces tenemos razones válidas para no poder pasar tiempo en el estudio profundo de la Palabra de Dios. Sin embargo, nos preguntamos si la razón más común para no comprometerse a estudiar con regularidad no es la falta de tiempo, sino el hecho de que sea… difícil, ¿no es así?

No nos gusta el esfuerzo y el sacrificio, de modo que preferimos evitarlo.

Permítenos animarte. Los años de crianza no tienen que ser años perdidos. Esas horas (o minutos) que quedan sí cuentan.

Mamás comunes, conocimiento extraordinario y amor de Dios

Tenemos la tendencia a pensar que la teología, el conocimiento de la Biblia y la aplicación del evangelio son para pastores y estudiantes de seminario, o quizá para la mujer superespiritual que nos discipula. Pero la verdad es que todos somos teólogos. Todos tenemos ideas acerca de Dios que determinan la manera como vivimos nuestra vida cotidiana.

Dios quiere que la gente común lleve vidas centradas en el evangelio. Como creyentes, todos tenemos acceso al mismo libro vivo y activo, la Biblia. Todos tenemos el mismo poder transformador del Espíritu Santo, que nos hace cada día como Cristo. Nadie recibe una revelación exclusiva de Dios. Él ha determinado que cada creyente crezca en su comprensión personal de Él por medio del conocimiento de primera mano de su Palabra.

Entonces, ¿cuáles son las expectativas realistas para crecer en la Palabra de Dios? Quizá tengamos que renunciar a nuestra idea perfecta del estudio bíblico y buscar a Dios en el instante mismo en que Él nos ha puesto. Es maravilloso disfrutar de café caliente con el sol entrando por las ventanas en una casa en silencio. Nos encanta el tiempo a solas que incluye rotuladores de colores, mantas suaves y oración ininterrumpida. Sin embargo, desarrollar un entendimiento más profundo del evangelio no se trata realmente de la organización minuciosa de un tiempo a solas perfecto. Más bien se trata de buscarlo a lo largo de nuestro día, con migajas, manchas, llantos y todo incluido. Es buscar a Dios con tenacidad, con insistencia, con todo nuestro ser. Deberíamos intentar volvernos expertas de las 10.000 horas en las cosas de Dios.

Algunas podrían sugerir que las horas solo cuentan si se trata de tiempo sin interrupciones, antes de que los niños se levanten. Pero como madres no siempre podemos darnos ese lujo. En vez de dejar que eso nos desanime, sigamos aprendiendo cada vez que podamos, entretejamos el evangelio en nuestras vidas de tal modo que sea imposible ver dónde termina el uno y empieza la otra. Esto se parece menos a entrar y salir de la piscina, y más a aprender a vivir en el océano. No es mojarse y secarse una y otra vez, sino adaptarse a un ambiente completamente nuevo, viviendo en inmersión completa en las cosas de Dios. Deja que la Palabra de Dios permee tu vida entera y empape toda tu ropa.

A veces parecerá que el progreso es arduo. Sin embargo, tú creces *por medio de* esa lucha, ¿lo recuerdas? Habrá días en los que salgas de tu estudio de la Palabra de Dios o de una conversación con otro creyente sin las respuestas. Puede que te desagrade que tus creencias sean sacudidas. Puede que te sientas enojada o asustada porque penetre muy hondo en tu corazón y el Espíritu Santo revele pecado en tu vida. Puede que quieras darte por vencida porque piensas que hay más felicidad aparte de la obediencia fiel. La transformación no sucede de la noche a la mañana, así que ponte cómoda y permite que el Espíritu de Dios aumente tu comprensión y amor por el evangelio.

Amiga madre, no subestimes lo que Dios está haciendo en esta etapa de tu vida. Mientras estás ocupada lavando manos pequeñas en una tina, puedes amar a Dios y volverte experta en sus caminos. Mientras preparas platos de bocadillos y comidas informales en la sala, puedes expandir tu teología. Mientras estás fuera haciendo ejercicio o jugando rondas infantiles, puedes ahondar en tu amor por la obra de Cristo en la cruz. Mientras te diriges al trabajo puedes aplicar el evangelio a tus circunstancias. No tienes que esperar una temporada más sencilla, cuando tus hijos sean mayores o se hayan ido. No tienes que convertirte en una experta de 10.000 horas este año, pero, por la gracia de Dios, puedes crecer y puedes cambiar.

Una mamá y su Biblia

Si te pareces a nosotras, cuando se trata de estudiar la Biblia pasas de caliente a frío. Empezamos un nuevo estudio bíblico con entusiasmo y nos desanimamos cuando no encontramos nuestros rotuladores fluorescentes. A veces nuestra Biblia se queda tirada debajo del asiento de nuestro auto una semana completa. Durante las temporadas en las que somos constantes en el estudio de la Palabra de Dios a veces sentimos que cumplimos nada más con una tarea de la lista, y no que desarrollamos una profunda devoción al Señor. De vez en cuando, abrimos la Biblia en una página al azar en un acto desesperado, con la esperanza de que Dios hable a nuestra situación particular.

El estudio bíblico puede ser una batalla, especialmente en la agotadora etapa de la crianza de niños pequeños. Pero sea cual sea tu situación, puedes empezar a leer con constancia y a hacer un estudio serio de la Palabra.

Crecer en el conocimiento bíblico no es tarea fácil.[2] A menudo nos acercamos a la Palabra de Dios esperando que sea como nuestro canal de redes sociales, llena de frases inspiradoras que nos ayuden a enfrentar el día, y nos sentimos decepcionadas cuando no nos sentimos inmediatamente satisfechas o no entendemos lo que leemos. Nos acercamos dispuestas a aprender, y

---

[2] Nuestra comprensión acerca del conocimiento bíblico ha sido influenciada por muchas personas a lo largo de nuestras vidas, entre ellas Jen Wilkin. Te recomendamos su libro *Mujeres de la Palabra* (Nashville: B&H Español, 2016).

POR LA GRACIA
DE DIOS, PUEDES
CRECER Y PUEDES
CAMBIAR

entonces nos interrumpe un niño que se despierta de su siesta o su hermano mayor que nos necesita para solucionar una riña. Nuestra Biblia nos parece demasiado difícil, demasiado arcaica, demasiado desconectada, alejada de nuestra realidad, y entonces nos damos por vencidas y buscamos esperanza en otras cosas.

Sí, el estudio de la Biblia es difícil, pero no nos deja sin esperanza. Con todo, la respuesta que nos da puede que no sea lo que deseamos oír.

La clave para encontrar esperanza y respuestas duraderas a las preguntas de hoy es el estudio deliberado y metódico de la Palabra de Dios. Hay muchas maneras de lograr esto. ¡Se han escrito libros enteros acerca del tema! No tenemos espacio para hablar de esto detalladamente, pero en este capítulo hemos incluido algunos consejos prácticos para empezar. Aumentar nuestro conocimiento de la Biblia no es complicado, pero es mejor tener un plan, estudiar con propósito y mantener una perspectiva de largo plazo.

No vas a hacerlo de manera perfecta. Ninguna puede lograr tal cosa. En especial durante estos años de crianza de los hijos pequeños, la práctica deliberada no es siempre realista. Aunque necesitamos inmersión en las Escrituras más que nunca, una mudanza, un nuevo trabajo, un nuevo bebé, la adopción de un hijo, la pérdida de un ser querido, un padre enfermo, un niño enfermo o algo más puede desorganizar nuestra rutina con la Palabra de Dios. ¡Y eso es normal! También lo hemos vivido.

Cuando esto suceda, es importante recordar el verdadero significado de permanecer en Cristo. Los creyentes verdaderos siempre permanecemos en Él. Nuestra posición delante de Dios nunca puede cambiar, sin importar que leamos o no la Biblia ese día. Al mismo tiempo, si estamos realmente en Cristo esta realidad nos llevará a permanecer por medio de la acción, con un deseo de crecer en nuestro entendimiento de la Palabra de Dios y en nuestra devoción a ella.[3]

Los creyentes verdaderos no se levantan ni se caen por el número de horas que pasen leyendo la Biblia cada semana. Nuestros días "malos", cuando no leemos la Biblia, no tienen que hacernos sentir culpables porque Jesús compró nuestra libertad con su sangre en la cruz. Sin embargo, este mismo sacrificio nos mueve a crear un plan de estudio y a buscar a diario la Palabra de Dios. Su amor motiva el nuestro y, gracias a la obra del Espíritu en nosotras, ninguna etapa de nuestra vida se desperdicia.

---

[3] Juan 15.

Dios conoce nuestras circunstancias. Ya sea que escuchemos la Biblia en el auto, que usemos una app con planes de lectura mientras amamantamos, o que participemos en un estudio bíblico en la iglesia, cada inversión puede transformarte en la semejanza de Cristo. Cada semilla puede llevar fruto. Pero tienes que ser insistente. Tienes que tener temple.

Sin importar en qué nivel de lectura bíblica te encuentres, sin importar por cuánto tiempo lo hayas hecho, te rogamos que no dejes de hacerlo.

Consejos prácticos

- Ora antes y después de tu estudio. Pide a Dios que aumente tu amor por su Palabra, que te revele el verdadero significado del pasaje y que transforme tu vida cuando la pongas en práctica.

- Vive tu experiencia con la Palabra juntamente con tus hijos y sé paciente con las interrupciones. Haz discípulos al tiempo que creces en tu conocimiento de la Palabra de Dios.

- Elige un libro de la Biblia para leerlo varias veces y entenderlo mejor, o lee despacio la Biblia completa para tener una idea general de los temas.

En cinco años

La teoría de las 10.000 horas tiene otras claves para convertirse en un experto en cualquier área por medio de la práctica deliberada. El psicólogo que hizo la investigación dice que es necesario encontrar un mentor, recibir retroalimentación, empezar con los fundamentos, comprometerte en el largo plazo y probar tus habilidades.[4] Esto suena increíblemente parecido al plan de Dios para el crecimiento y el discipulado. Vivir como un experto del evangelio significa comprometerse con una comunidad local de creyentes, participar en estudios bíblicos grupales, adquirir conocimiento fundamental acerca de la Palabra de Dios, perseverar en las temporadas complicadas de la vida y poner en práctica la verdad en los momentos cotidianos.

Si te dedicas seriamente al estudio de la Palabra de Dios por medio de la práctica deliberada, ¿puedes imaginarte a dónde llegarás en cinco años? Te aseguro, por mi experiencia personal, que serás una persona diferente, aun cuando tus circunstancias sean las mismas.

---

4 K. Anders Ericsson, Michael J. Prietula y Edward T. Cokely, "The Making of an Expert", *Harvard Business Review*, 14 de julio de 2018, https://hbr.org/2007/07/the-making-of-an-expert.

Con esto en mente, disfrutemos nuestro tiempo a solas perfecto cuando sea posible, pero también mantengamos nuestras Biblias abiertas en la mesa del desayuno, en el mueble del baño y en la mesa de la sala. Llenemos nuestras repisas de literatura que abunde en enseñanzas sobre el evangelio, tanto para adultos como para niños. Tengamos comunión con amigas piadosas que también buscan a Dios, para poder juntas intercambiar experiencias acerca de cómo el evangelio se aplica a nuestra vida personal y a la cultura que nos rodea. Entonemos canciones graciosas y canciones serias que nos ayuden a recordar las verdades profundas acerca de la buena doctrina.

Usemos la Biblia en audio en el auto cuando vamos de camino a la escuela, ofrezcamos juguetes a nuestros niños pequeños para que se entretengan mientras terminamos nuestra lectura. Participemos en una iglesia local donde encontremos mujeres que puedan edificarnos y nosotras a ellas. Mientras doblamos la ropa o vamos de la casa al trabajo, oigamos podcasts de buena doctrina, sermones y conferencias edificantes. En todo esto, pensemos de manera crítica y deliberada acerca de lo que oímos, comparándolo con la verdad de la Palabra de Dios.

Empecemos a aprender de nuevo cuando hagamos una pausa. Retomemos la tarea cuando fallemos. Deleitémonos en la gracia de Dios y pidámosle la determinación para seguir en la tarea. Dale cinco años. Nuestra apuesta es que te sorprenderá gratamente el fruto que eso produce y que se sembró en los años que muchos consideran perdidos.

Amolda tu corazón y tu mente al Señor

Crecer en el conocimiento de la Biblia en los años de infancia de nuestros hijos se parece un poco a la crianza. Inviertes día tras día en algo, mientras sientes que no pasa nada. Pero con el tiempo observas cambios en ellos. Por la gracia de Dios, ellos *pueden* expresar la gratitud de su corazón al decir por favor y gracias, *pueden* sentir la convicción después de haber golpeado a su hermana y disculparse, y *pueden* tener un corazón que invita a jugar a aquellos que son excluidos.

Lo mismo sucede contigo. Puede que sientas que al principio lo que aprendes no cambia nada, pero con el tiempo te darás cuenta de que puedes recordar pasajes de la Biblia que tienen relevancia en tu vida diaria. Esa familiaridad te permite repasarte a ti misma la historia del evangelio. Entonces, un día, cuando te sientes ansiosa, de manera automática empiezas a cotejar tu vida con la verdad.

LOS AÑOS
DEDICADOS A LOS
NIÑOS PEQUEÑOS
NO SON
AÑOS PERDIDOS

Puedes empezar a ver la Biblia como una gran historia explicada en muchas formas diferentes a lo largo de un extenso período de tiempo. Puedes reconocer cuando algo que dice una amiga no se conforma con la verdad de la Palabra de Dios. Puedes empezar a detectar verdades a medias en los pequeños cuadros de las publicaciones de Instagram o en los últimos éxitos de librería cristianos. ¡Puedes incluso entender las partes difíciles del Antiguo Testamento!

Con el tiempo, por la gracia de Dios, todo este aprendizaje, toda esta comunión y meditación te transforma. No se trata de adquirir conocimiento, sino de atesorar la Palabra de Dios en nuestros corazones para que empiecen a amoldarse al corazón de Dios. Llegaremos a amar lo que Él ama, a valorar lo que Él valora, a vivir aquello para lo cual nos ha llamado.

Sin importar lo que pase, recuerda que crecer en el conocimiento de la Biblia y del evangelio no es solo para la gente más inteligente. El evangelio es para todos, para cada mamá. Para las mamás que son amas de casa, que trabajan desde sus casas o trabajan fuera de ellas (y en cualquier punto intermedio). El evangelio es para mamás pobres, mamás ricas y mamás de clase media. El evangelio es para mamás de cualquier color de piel y de cualquier etnia. El evangelio es para la mamá cansada, la mamá perfeccionista, la mamá que duda. El evangelio es para la mamá que siente que hace un buen trabajo y para la mamá que siente que es la peor madre del planeta.

El cambio puede ser lento, pero no se trata de una competencia. Permítenos volver a repetirlo: el evangelio es para ti, y el poder de Dios puede obrar en cualquier persona en cualquier etapa de su vida. Los años dedicados a los niños pequeños no son años perdidos.

Así pues, ahora que tienes las piezas fundamentales para crecer en tu conocimiento y amor de Dios, hablemos acerca de cómo puedes poner en práctica esa verdad en la vida cotidiana. Veamos cómo puedes recordar el evangelio en tus días más exitosos y en aquellos en los que echas todo a perder. A esto se le denomina con frecuencia predicarte el evangelio a ti misma.

O puedes considerarlo simplemente como vivir la maternidad redimida.

PREGUNTAS PARA REFLEXIONAR

1. ¿Qué excusas interpones acerca de la fidelidad en los años de crianza? ¿Qué ajustes podrían requerir tus expectativas de crecimiento en la Palabra de Dios en esta etapa de tu vida con niños pequeños?

2. ¿Qué te ofrece el evangelio para liberarte de la culpa y al mismo tiempo motivarte a ser perseverante y volver a la Palabra de Dios?

3. ¿Existen áreas del conocimiento de la Biblia y el evangelio que prefieres no explorar porque son difíciles? ¿Qué ajustes podrías hacer para invertir en tu estudio de la Biblia con el tiempo que tienes disponible?

◆ 19

CÓMO VIVIR UNA MATERNIDAD REDIMIDA

Emily y Laura

Nosotras hemos vivido juntas muchos momentos desagradables de nuestra maternidad. Hemos batallado contra el orgullo y la vergüenza a la hora de la merienda, cuando la hija de una de nosotras se come las zanahorias mientras el hijo de la otra las rechaza. Hemos visto a la otra gritar al niño desde la habitación del lado en lugar de pararse y hablarle al niño con amabilidad. Hemos sido testigo de las penas de nuestros hijos por buenas y malas razones, por nuestra falta de capacitación y a pesar de nuestros esfuerzos. Hemos comparado nuestras rutinas de acostar niños cuando algunos se iban directo a dormir y otros probaban los límites.

También hemos vivido juntas momentos dolorosos de la maternidad. Temporadas de intentos de adopción y temporadas para cerrar el proceso sin traer ningún niño nuevo a la familia. Hemos hablado acerca de nuestros temores estando en la unidad de cuidados intensivos, en evaluaciones del desarrollo, en pruebas de alergias y en exámenes de visión. Cuando los miedos se convirtieron en realidades rotas hemos orado la una por la otra. Cuando han venido cirugías, cuando han llegado las sillas de ruedas, cuando los complicados tratamientos médicos no dan resultado, hemos reído juntas porque duele demasiado hacer cualquier otra cosa.

Por la gracia de Dios, hemos visto triunfos esperanzadores en la maternidad. Los niños que solían reaccionar con estallidos de ira ahora se interesan por las necesidades del débil y el menor. Hemos celebrado que los pequeños crean en el evangelio con fe. Hemos visto la obra de Dios al cabo de años de súplicas, produciendo avances y cambio en áreas de pecado habitual y luchas.

En medio del pecado, las luchas y las alegrías hemos predicado el evangelio la una a la otra y hemos aprendido a predicarlo a nosotras mismas.[1]

No, nunca hemos ido a una iglesia para turnarnos el púlpito. Nos predicamos a nosotras mismas en conversaciones con una taza de café caliente, una llamada de vídeo después de la hora de dormir y mensajes de texto en la tarde. Nos hemos recordado mutuamente la verdad del evangelio en la sala de nuestras casas, en restaurantes, durante las vacaciones y festividades familiares y en caminatas por el parque.

Hemos afirmado el buen diseño de Dios para cada una de nosotras. "Sí, Dios en su gracia nos da cuerpos saludables". "Sí, veo al Espíritu Santo obrando en el corazón de tu hijo". "Sí, Dios es generoso y bondadoso para suplir todas nuestras necesidades".

Hemos afirmado la adversidad de la vida bajo el sol. "No, esto no debería ser doloroso". "No, no deberías tratar a tu hijo de esa manera". "No, tus circunstancias no son fáciles".

Hemos recordado la libertad que está a nuestra disposición por medio del sacrificio de Cristo a nuestro favor que nos impulsa a obedecer a Dios en aquello que nos cuesta. "Sé que gritaste a tus hijos, pero puedes arrepentirte. Sus misericordias son nuevas. Confía en que Él obrará para que seas más como Él".

Hemos esperado juntas en la resurrección de Cristo y lo que significa para nuestro futuro. "Todo esto va a arreglarse". "Esto va a terminar y algún día Él enjugará toda lágrima".

Predicar el evangelio la una a la otra y a nosotras mismas es un ejercicio continuo de conversación redentora. Es hacer declaraciones guiadas por el Espíritu que se conectan y entretejen la belleza del evangelio en la tela de nuestra relación.

---

[1] La palabra "predicar" tiene muchas connotaciones. La mayoría pensamos en predicadores detrás de un púlpito. Sin embargo, en el Nuevo Testamento la palabra se usa con frecuencia en un sentido más amplio, refiriéndose a una persona que proclama el evangelio de manera pública. A veces se hace con la autoridad del apostolado o en tiempos modernos en el ejercicio del papel de anciano o pastor. En otras ocasiones, se refiere en general a un ministro del evangelio (hombres y mujeres comunes que hablan de Jesús). En este libro usamos la palabra "predicar" para referirnos simplemente a la proclamación del evangelio para nosotras mismas y las personas que nos rodean y que son afines a nosotras, para recordarnos las unas a las otras la verdad y exhortarnos a volver al evangelio.

Quizá pienses: "No sé cómo hacer conexiones de esa manera" o "no tengo ese tipo de vocabulario". Tal vez no se te ocurra con cuál amiga hablar acerca de estas cosas. O tal vez recuerdes una época en la que trataste de hablar la verdad del evangelio, pero alguien se disgustó.

¡No te desanimes! Sabemos que no es fácil, y en ocasiones parece poco natural. Sin embargo, queremos animarte a probarlo y dejarte algunos consejos prácticos y ejemplos de cómo predicar el evangelio a ti misma y a quienes te rodean. No somos perfectas en esto. A veces vemos nuestro pecado, pero, en lugar de arrepentirnos de inmediato, dejamos pasar los días y las semanas. A veces estamos tan dispuestas a ayudarnos mutuamente que nos damos consejos lastimeros en vez de guiar a la otra a Cristo. Con todo, seguimos intentando comunicar a la otra lo que nos ayuda. Queremos ser hacedoras de la Palabra, no solo oidoras, de modo que te invitamos a tomar lo que estás aprendiendo y lo pongas en práctica dondequiera que estés.

Predicar el evangelio a ti misma significa ayudar que tu mente informe a tu corazón y lo reoriente en torno a las cosas de Cristo. Predicar el evangelio a ti misma es vivir la maternidad redimida.

Recuerda el evangelio

Cada año nuestros hijos asisten a un campamento de primos en casa de los abuelos Jensen. Es una fiesta que se prolonga varias noches (aunque misteriosamente se encoge más y más cada año). Este evento anual incluye sacos de dormir, salidas a comer helado a media noche, excursiones, juegos con agua, decoraciones, juegos, lecciones bíblicas y camisetas personalizadas. A nuestros hijos les gusta especialmente las camisetas porque son como una medalla de honor que les queda para siempre, una prueba de que asistieron al campamento de primos y que son parte de la familia. Si alguno de nuestros hijos ve a un primo que lleva su camiseta del campamento, empiezan a intercambiar recuerdos y preguntan cuándo será el próximo.

"¿Dónde está mi camiseta, mami? Yo también quiero ponerme la mía".

"¿Recuerdas el día que fuimos a la piscina? ¡Quiero volver allí!".

"La tía Bárbara estaba aquella vez. ¿Va a regresar este año?".

A veces sus preguntas y entusiasmo son tan exagerados que casi están fuera de control, pero no nos sorprende la conmoción. El campamento de primos es un asunto memorable que comparten con su familia. Es diversión del pasado y expectativa para el futuro. ¿Por qué no hablar de ello a cada oportunidad?

Aunque ninguna de nosotras contempla la posibilidad de andar por ahí con camisetas del "campamento del evangelio", esperamos que si llevaras una despertaría la misma respuesta.

"Oh, ¡tú también conoces a Jesús! ¿Cuál es tu historia? ¿Cómo llegaste a confiar en Él? ¿Cómo llegaste a arrepentirte y creer?".

"¿Cómo puedo orar por ti? ¿En qué necesitas ánimo?".

"¿No te parece muy emocionante ver un día a Jesús cara a cara? ¿Cómo crees que será?".

Ya sé, suena muy cursi, pero entiendes la idea. Cuando hemos experimentado la relación más emocionante con el mejor padre en la mejor familia del mundo que podamos llegar a conocer, ¿acaso no tiene sentido querer recordarlo constantemente?

Pensar acerca del evangelio, hablar acerca del evangelio y predicar acerca del evangelio empieza con recordarlo. Recordar cuán perfecto y santo es Dios. Recordar nuestro pecado y lo que merecíamos. Recordar cómo Dios nos buscó y nos salvó cuando éramos pecadores. Recordar cómo Él nos dio nuevos ojos y nuevos corazones que lo aman y lo sirven. Recordar el ejemplo de Jesús de amar a Dios y al prójimo. Recordar que Él viene por nosotros.

Estos recuerdos desbordan en palabras y acciones. Cuando he meditado en la asombrosa naturaleza del evangelio y la gracia de Dios me conmueve, no queda otra opción que comunicarlo a otros. Entonces podemos repasar y aplicar más y más esas verdades a nuestras vidas.

Consejos prácticos

- Escucha una versión en audio de las Escrituras mientras te preparas para tu día, en tus recorridos en el auto o mientras limpias la casa. Haz una pausa y medita en quién es Dios y lo que Él ha hecho y está haciendo.

- Pregunta a una amiga: "¿Puedes contarme cómo llegaste a poner tu fe en Cristo? Creo que todavía no he escuchado esa historia". (¡A veces basta con iniciar una conversación para desencadenar muchas más!).

Repasa el mensaje del evangelio

Antes de salir de paseo en familia, es común vernos repasar con nuestros hijos las expectativas que tenemos mediante el juego de pulgares arriba y pulgares abajo.

"Muy bien, niños. Ya casi llegamos al parque. ¿Pueden permanecer sobre el sendero?" (Pulgares arriba).

"¿Deberían correr en el estacionamiento?" (Pulgares abajo).

"¿Qué tal divertirse? ¿Pueden divertirse?" (Pulgares arriba… ¡y muchos chillidos!).

El propósito del juego de pulgares arriba y pulgares abajo no es entrenar al niño en algo completamente nuevo. Ellos han estado en el parque lo suficiente para conocer las reglas. Queremos imaginar escenarios reales y repasar cómo nuestros hijos deben portarse para que lo tengan fresco en su mente. Nuestra esperanza es que cuando el auto se detenga y todos salgan del auto, estén preparados y recuerden cómo obedecer en esa situación específica.

Ninguna de nosotras tiene una versión adulta del juego de pulgares arriba y pulgares abajo con preguntas como: "¿Deberías gritar a tus hijos cuando te enojan? ¿Deberías regañar a tu esposo por la tarea que no ha completado? ¿Está bien abrazar a tus hijos hoy?" (esperamos que sepas las respuestas a esas preguntas). Con todo, es útil repasar las verdades que conocemos para estar listas a la hora de obedecer en nuestras situaciones cotidianas.

Esto se hace mejor en compañía de otras personas, pero también podemos repasar el evangelio de manera individual. Cuando lo repasamos con otros, declaramos la verdad de la Palabra de Dios y nos preparamos mutuamente contemplando situaciones específicas. Esto incluye también hablar acerca del evangelio mismo, afirmar las maneras como vemos la imagen de Dios reflejada en el otro, y reconocer el pecado y la ruptura. Hablamos acerca de nuestros motivos de gratitud e infundimos esperanza para las situaciones difíciles. Hablamos abiertamente acerca de las promesas futuras de Dios y cómo se aplican.

Consejos prácticos

- Involúcrate en tu iglesia local participando en un estudio bíblico, en un pequeño grupo, en una reunión de mamás o en algo similar. No te conformes con asistir nada más, sino participa en las conversaciones y persiste en la intención de cultivar relaciones con personas que aman a Jesús y quieren crecer en el evangelio.

- Lee o escucha un recurso centrado en el evangelio con una o dos amigas, con el propósito de que todas puedan profundizar en sus conversaciones al nivel del corazón. Arriésgate. Está bien ser la primera en sugerir algo como esto.

Practica el evangelio

Todas tenemos muchas expectativas similares para nuestros hijos, pero la práctica es diferente para cada niño en diferentes situaciones. Los niños tienen que acostumbrarse a las áreas grises.

"¿Debes correr? En algunas situaciones, no. Si estás en medio de una multitud en la feria estatal, no corras. Pero si estás jugando en el parque con otros niños, corre. Si estás en un estacionamiento, no corras. Pero si estás en el parque infantil, está bien correr". De modo que si el niño pregunta: "¿Está bien correr?", la realidad es que… eso depende. Y algunos niños pueden tener diferentes respuestas en la misma situación. "Tal vez esté bien que tu primo vaya a correr, pero tú tienes que quedarte con mamá porque yo te pedí que llevaras una bolsa desde el auto". En algunas situaciones correr está bien, pero en otras es peligroso.

A veces pedimos a nuestros hijos que hagan cosas diferentes. El niño pequeño puede ir de la mano o ser llevado en brazos mientras que los más mayores caminan delante. Según la edad, la conciencia que tienen del peligro, la capacidad para quedarse junto a los padres, entre otros factores, las exigencias para un niño podrían variar, desde montar en el cochecito sujeto con el cinturón de seguridad a saltar libre con un grupo de primos. Es difícil explicarle a un niño por qué a veces tiene que ir en el cochecito y otras veces no. En cualquier caso, los padres tenemos un buen plan para su seguridad. Tratamos de ayudarles a discernir lo que pedimos en cada situación y por qué lo pedimos.

Cuando se trata de la aplicación del evangelio, pareciera más complicado. "He recordado el evangelio, he pensado acerca de lo que Dios hizo por mí en Cristo. He repasado el evangelio, he hablado conmigo misma y con otros acerca de cómo funciona esto en diferentes situaciones. Pero ¿qué hay de la puesta en práctica? ¿Cómo puedo saber la manera en la que estas verdades me cambian en este mismo momento?".

De forma muy similar a lo que sucede con nuestros hijos, todo se resume

DIOS QUIERE QUE
HAGAMOS LO
QUE REFLEJE
SU IMAGEN MÁS
CLARAMENTE, LO
QUE LO ADORE MÁS
PLENAMENTE, Y LO
QUE PROMUEVA
MÁS EL AMOR
SACRIFICADO POR
OTROS QUE LLEVAN
SU IMAGEN

en obediencia, principios y actitudes del corazón. Buscamos obedecer los mandamientos y principios bíblicos a medida que entendemos nuestros corazones y las intenciones generales de Dios. Muchas cosas se reducen al más grande mandamiento: amar a Dios con todo nuestro corazón, alma, mente y fuerzas, y amar a nuestro prójimo como a nosotros mismos. Dios quiere que hagamos lo que refleje su imagen más claramente, lo que lo adore más plenamente, y lo que promueva más el amor sacrificado por otros que llevan su imagen. Él también quiere que tengamos corazones deseosos de obedecerle que buscan entendimiento hacia ese objetivo: poner los intereses de Dios para nuestra vida por encima de los nuestros.

A veces deseamos que esto pudiera ser como desenterrar un tesoro escondido o ir en busca de un secreto bíblico oculto en un mensaje acerca de si debemos o no tener otro bebé, buscar otro trabajo o mudarnos a otra ciudad. Pero en realidad no es tan complicado.

"Dad gracias en todo, porque esta es la voluntad de Dios para con vosotros en Cristo Jesús" (1 Tesalonicenses 5:18).

"Mirad, pues, con diligencia cómo andéis, no como necios sino como sabios, aprovechando bien el tiempo, porque los días son malos. Por tanto, no seáis insensatos, sino entendidos de cuál sea la voluntad del Señor. No os embriaguéis con vino, en lo cual hay disolución; antes bien sed llenos del Espíritu, hablando entre vosotros con salmos, con himnos y cánticos espirituales, cantando y alabando al Señor en vuestros corazones; dando siempre gracias por todo al Dios y Padre, en el nombre de nuestro Señor Jesucristo" (Efesios 5:15-20).

Da gracias. Busca en oración lo que significa aprovechar al máximo el tiempo que Él te ha dado sobre la tierra. No apacigües el dolor de la caída con el uso inadecuado de los dones de Dios, sino más bien involúcrate en una comunidad cristiana, ayudando a otros a recordar el evangelio, a repasar el evangelio y a dar gracias por él en nuestro caminar en Cristo. Ora y pide a Dios que te ayude a poner en práctica el evangelio, y no dejes de obrar conforme a lo que ya sabes. Confía en que Dios te enseñe y te corrija por medio de su Palabra, su iglesia y su Espíritu.

Consejos prácticos

- Escribe en un diario lo que Dios te enseña por medio de su Palabra, y en oración anota las formas en las que esas verdades pueden transformar tu vida cada día.

- Invita a una consejera y hazle preguntas acerca de cómo aplicar el evangelio de manera práctica.

La vida del evangelio es vida en comunidad

Hay algo que sucede con los libros, los podcasts, los maestros de la Biblia y los grupos de estudio bíblico que encuentras en línea: son inmensamente útiles cuando se trata de aprender, pero son incapaces de ver tu vida personal y de aplicar el evangelio a tus situaciones cotidianas.

En este libro hemos hecho nuestro mejor esfuerzo por imaginar aquello a lo que te enfrentas. Hemos tratado de hablar acerca de principios que tienen una aplicación general para la mayoría. Sin embargo, muchas veces necesitas más ayuda en tu situación particular. Cuando tienes una y otra vez el mismo conflicto con tu esposo, cuando has probado todas las estrategias disciplinarias y nada funciona, o cuando no sabes qué hacer para la educación de tus hijos el próximo año, es probable que necesites la ayuda de otro creyente. Alguien que vea tu vida y conozca el contexto de tu testimonio, tus relaciones y tus luchas. Alguien que pueda ayudarte a resolver tus asuntos con oración y sabiduría.

Conforme planeas la aplicación con otros, recuerda que las personas tienen grandes defectos. Las comunidades del evangelio no están exentas de pecado y aflicción. Ningún consejo debería contradecir la Biblia, pero un buen grupo de creyentes centrados en el evangelio que buscan glorificar a Dios en todas las cosas es esencial para la aplicación del evangelio a la vida diaria.

Esperanza final

Sin importar qué clase de día, semana, mes o año hayas tenido, nada de eso tiene por qué determinar tu futuro. Si eres consciente de tu incapacidad para salvarte a ti misma, si has confesado tu pecado y si has puesto tu esperanza en Jesús, tienes una nueva identidad. Has sido adoptada.[2] No por méritos propios sino por la gracia por medio de la fe.[3] Has recibido un nuevo nombre y una herencia imperecedera está reservada para ti en el cielo.[4] Algún día Jesús regresará y tú serás restaurada física y espiritualmente para gozar de una vida nueva para siempre. Veremos los sufrimientos de hoy, las

---

[2] Romanos 8:15.
[3] Efesios 2:8.
[4] 1 Pedro 1:4.

duras citas médicas, el estrés por cuenta de las alergias a los alimentos, los espantosos berrinches antes de la siesta, las peleas por la comida, los diagnósticos indeseados, bajo la perspectiva de nuestro buen Padre eterno y su buen plan para su pueblo por la eternidad.

Si has aprendido algo de este libro, esperamos que sea una presentación clara de las buenas nuevas de Jesucristo, que es poder para salvación para todo aquel que oye y responde. Nuestra oración es que, si todavía no has respondido a esta invitación, lo hagas ahora. No esperes hasta que tengas toda tu vida organizada, hasta que hayas empezado a leer la Biblia o hayas orado más, o hasta que seas una "mejor" mamá. Ven tal como eres, humilde y sencilla, necesitada de un Salvador que no necesita nada de ti. Él te amó antes de que tú lo amaras.

Sin importar en qué situación te encuentres en tu relación con Dios, recuerda que, cuando te arrepientes y crees en Jesús, el Espíritu Santo te injerta en la vid viviente, que es Jesús mismo. Al permanecer en Él, empezarás a cambiar y a producir fruto que es el resultado de una unión auténtica con esa vid dadora de vida. A medida que el fruto del Espíritu crece en tu vida, empezarás a amar a otros como Cristo te ha amado. Tendrás el gozo del Señor en medio de circunstancias difíciles. Tu alma experimentará verdadera paz cuando todo lo demás parece un caos. Demostrarás paciencia con niños con necesidades interminables y responderás al trato injusto y a las molestias con bondad. Harás bien a otros aun cuando ellos no te hagan el bien. Serás fiel en las tareas que nadie ve, tratarás a los corazones pequeños con bondad y tendrás dominio propio.

¿Es posible una maternidad semejante? No a la perfección, por supuesto, pero habrá progreso. En tanto que permanezcas en Él, serás transformada. Y no es demasiado tarde para que empieces o comiences de nuevo. Ahora mismo.

Oramos para que pongas continuamente tu esperanza en Cristo, y que recibas esa esperanza en los momentos cotidianos de hoy y para siempre.

PREGUNTAS PARA REFLEXIONAR

1. ¿Qué mensajes predicas actualmente a ti misma en los duros momentos de la maternidad? ¿De dónde proceden esos mensajes y cómo se comparan con el evangelio?

2. ¿Qué herramientas y estrategias usarás para recordarte a ti misma la verdad del evangelio la próxima vez que enfrentes estrés, temor o culpa como madre?

3. ¿Cómo ha cambiado el ejercicio de aplicar el evangelio a los momentos cotidianos de la maternidad tu manera de ver a Dios, a ti misma, a tu familia y a tu comunidad? ¿Dónde aplicarás esta esperanza en la próxima oportunidad que se te presente?

ACERCA DE LAS AUTORAS

Emily Jensen y **Laura Wifler** son cofundadoras del ministerio Risen Motherhood (Maternidad Redimida) y presentadoras de su exitoso podcast. También están en las trincheras de la maternidad junto con sus lectoras. Con una combinación de cercanía, claridad y conocimiento bíblico sólido, Emily y Laura tienen la habilidad de simplificar verdades bíblicas complejas, de conectarlas y aplicarlas a la vida cotidiana. Dios ha usado de manera continua y poderosa las voces de estas dos madres para cautivar a muchas mujeres alrededor del mundo con el evangelio. Emily y Laura son cuñadas y viven en el centro de Iowa con sus familias.

Conecta con nosotras:

emily___jensen

laurawifler

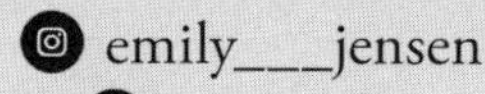

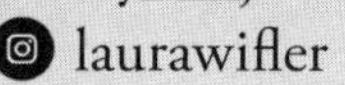

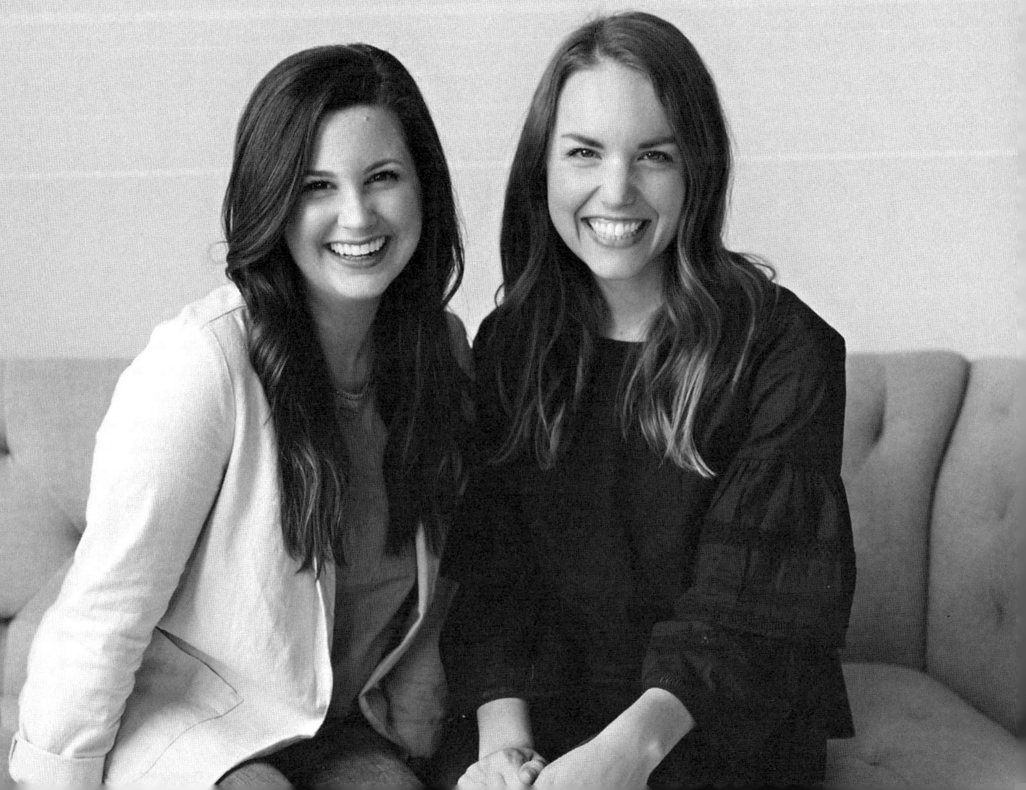